Vertrauen, die Führungsstrategie der Zukunft

Wolfram Schön

Vertrauen, die Führungsstrategie der Zukunft

So entstehen Vertrauen, Wirkung und persönlicher Erfolg

 Springer Gabler

Wolfram Schön
DSC Healthcare Managementberatung
Wiesbaden, Deutschland

ISBN 978-3-662-61970-4   ISBN 978-3-662-61971-1 (eBook)
https://doi.org/10.1007/978-3-662-61971-1

Die Deutsche Nationalbibliothek verzeichnet diese Publikation in der Deutschen Nationalbibliografie; detaillierte bibliografische Daten sind im Internet über http://dnb.d-nb.de abrufbar.

Springer Gabler ist ein Imprint der eingetragenen Gesellschaft Springer-Verlag GmbH, DE und ist ein Teil von Springer Nature.
Die Anschrift der Gesellschaft ist: Heidelberger Platz 3, 14197 Berlin, Germany

*Für meine Tochter
Marie-Lauren*

----

*Meiner Tante Elisabeth und meinem Onkel Hermann.
Danke für die kritische Begleitung der Bucherstellung
und danke, dass
Ihr schon in meiner frühesten Kindheit
wichtige Weichen gestellt habt.*

----

*Für den besonderen Menschen,
der den Weg hin zu diesem Buch
und vor allem zum Thema VERTRAUEN
mental und emotional erst geebnet hat!
Ohne diese gemeinsamen tiefen initialen Erfahrungen
wäre ich nicht dort, wo ich jetzt bin.*

Vorwort

Dort, wo Misstrauen, Zweifel und Verdacht regieren, kann nichts entstehen. Diese Erkenntnis ist nicht neu, spiegelt sie doch eine Erfahrung wider, die sicher jeder schon einmal gemacht hat. Ohne Vertrauen ist alles nichts.

» Zentrales Anliegen des Buches ist die Auseinandersetzung mit dem Prozess der Vertrauensbildung im unternehmerischen Alltag und die Einordnung von Vertrauen als Führungsstrategie der Zukunft.

Vertrauen ist ein bedeutender ökonomischer Faktor, und die Fähigkeit, Vertrauen aufzubauen, gilt als eine der Schlüsselkompetenzen in der Wirtschaft. Vertrauen ist eine zentrale Voraussetzung und ein zentrales Merkmal der erfolgreichen Gestaltung von Beziehungen und Interaktionen im geschäftlichen Kontext. Der Begriff „Führungsstrategie" ist dabei nicht als theoretisches Konstrukt gedacht. Es ist vielmehr die Aufforderung, die Mitarbeiterschaft, die Teams und das Unternehmen vertrauensorientiert zu führen und den persönlichen Kompass in Richtung Vertrauenskultur auszurichten.

Vertrauen ist ein äußerst fragiles Gebilde, das mit einem Wort, mit einer Handlung in sich zusammenfallen und für immer zerstört sein kann. Vertrauen ist etwas, das jeder kennt und jeder schätzt. Dabei kommt Vertrauen eine entscheidende Rolle für das Gelingen zwischenmenschlicher Interaktion zu: Es stärkt Bindung, Harmonie und Einigkeit und wird damit zu einer wichtigen Grundlage gemeinsamen und abgestimmten Handelns.

Dennoch tun sich viele Führungskräfte schwer mit einer klaren Definition und dem Benennen von Aspekten, die Vertrauen entstehen lassen. Genau hier setzt das vorliegende Buch an. Es liefert eine „alltagstaugliche Definition" und setzt sich konsequent und praxisorientiert mit dem Prozess der Vertrauensbildung auseinander.

Wie entsteht Vertrauen? Das ist die Kernfrage, die das Buch beantwortet, und darin liegt auch der Nutzen für den Leser.

* Vertrauen gewinnt immer
* Vertrauen: pure Energie für Manager und Ihre Teams
* Beziehungsmanagement im Vertrieb – ohne Vertrauen nicht denkbar
* Warum Vertrauen Unternehmen und Führungskräfte rettet
* Die Physik des Vertrauens – durch 7 Kraftfelder entsteht Vertrauen

Liebe Leser, Ihre persönliche Wirkung wird maßgeblich durch Ihre Fähigkeit geprägt, Vertrauen aufzubauen und zu leben! Lassen Sie sich auf das Thema Vertrauen ein und erfahren Sie eine neue Qualität persönlicher Wirkung – sowohl im geschäftlichen als auch im privaten Umfeld.

Wolfram Schön

Stimmen zum Buch

„Vertrauen ist alles? Jedenfalls ist ohne Vertrauen alles nichts! Persönliche Beziehungen, Politik, Wirtschaft und Gesellschaft, auch Führung – all das geht nicht ohne Vertrauen. Je tiefer das Vertrauen reicht, umso besser kann Führung gelingen. Deshalb ist ein Blick hinter die Kulissen dessen, was von Vertrauen getragen wird oder auf der Basis von Vertrauen möglich ist, immer hilfreich. Die Lektüre des Buches „Vertrauen, Führungsstrategie der Zukunft" wird vielen ein Anreiz sein, den Kreislauf von Vertrauen, das wir schenken und das wir empfangen, immer wieder neu in Gang zu setzen."

Marcus Lübbering ist Vorsitzender des Vorstands der Academie Kloster Eberbach – Werte in Wirtschaft und Gesellschaft e. V. und Abteilungsleiter in der Hessischen Staatskanzlei.

„Vertrauen ist die Basis für eine funktionsfähige Gesellschaft. Dies trifft auf alle Bereiche des täglichen Lebens zu. Sowohl privat als auch im Geschäftsleben und in der Politik ist Vertrauen eine der wichtigsten Säulen, um erfolgreich zu sein. Während mangelndes Vertrauen lähmt, stärkt Vertrauen jeden Prozess im Alltag. Vertrauen schafft Effizienz. Der Autor behandelt dieses für unsere Gesellschaft so wichtige Thema VERTRAUEN aus Sicht der Praxis und Wissenschaft. Klare Aussagen und praktische Beispiele machen es dem Leser leicht, sich mit dieser Thematik auseinanderzusetzen. Das Buch ist ein nützlicher Ratgeber und Leitfaden für jeden."

Heiko Thieme ist globaler Anlagestratege und beschäftigt sich seit 50 Jahren mit den Themen Wirtschaft, Politik und Börse.

Inhaltsverzeichnis

Über den Autor

 **Dr. Wolfram Schön** geboren 1962, studierte in Gießen und Kassel Physik. Im Anschluss an sein Studium der Atom- und Kernphysik promovierte er am GSI Helmholtzzentrum für Schwerionenforschung in Darmstadt und dem Deutschen Krebsforschungszentrum (DKFZ) in Heidelberg. In Österreich legte er einen Master in Organisations- und Wirtschaftspsychologe ab. Der ehemalige Leistungssportler blickt auf mehr als 25 Jahre in Industrie und Unternehmensberatung zurück. Er ist Vortragsredner, Executive Coach, Managementberater und hat einen Lehrauftrag an der Hochschule Fresenius inne.

Er ist Gründer der DSC Healthcare Managementberatung: Hier konzentriert er sich auf die Themen Strategieentwicklung, Prozessoptimierung und unterstützt Firmen dabei, IT-Projekte und Veränderungsprozesse vertrauensorientiert umzusetzen. Daneben führt sein Unternehmen die Gefährdungsbeurteilung psychischer Belastungen durch und beschäftigt sich intensiv mit dem Thema Employer Branding. Er arbeitete zusammen mit DAX-Konzernen, international tätigen Unternehmen und mittelständischen „Hidden Champions" in ganz Deutschland.

Das Thema VERTRAUEN adressiert Wolfram Schön in Impulsge-
sprächen, Vorträgen, Lesungen, Presseveröffentlichungen und Radiobei-
trägen. Diese Vehikel nutzt er, um bei seinen Zuhörern und Klienten
wirkungsvolle Impulse zu setzen, die zu mehr Bewusstsein und mehr
Wirkung im Umgang mit sich selbst und anderen führen.

Weitere Bücher:
Erfolgsfaktor Eigenpositionierung, Springer Gabler, Wiesbaden 2014
Vertrauensorientiertes Projektmanagement, Springer Gabler, Wies-
baden 2020
Handbuch der erfolgreichen Kommunikation, tredition, Hamburg
2020

Dr. Wolfram Schön
DSC Healthcare Managementberatung
www.dsc-hcmb.de
info@dsc-hcmb.de

1

Vertrauen – Pure Energie und Schnelligkeit

Zusammenfassung Im betrieblichen Alltag stehen die Steigerung der Prozesseffizienz, die Senkung von Kosten und die Erhöhung der Wettbewerbsfähigkeit auf der Todo-Liste nahezu jedes Unternehmens. Doch können solche Ziele ohne ein gemeinsames Miteinander und ohne gegenseitiges Vertrauen erreicht werden? Ich denke nicht. Vertrauen ist ein wichtiger ökonomischer Faktor, und die Fähigkeit, Vertrauen aufzubauen, gilt als eine der Schlüsselkompetenzen in der Wirtschaft. Vertrauen ist eine entscheidende Voraussetzung und ein zentrales Merkmal der „erfolgreichen" Gestaltung von Beziehungen und Interaktionen im geschäftlichen Kontext. Während mangelndes Vertrauen ein effektives Miteinander lähmt, stärkt Vertrauen jeden operativen und organisatorischen Prozess im Alltag. Vertrauen schafft Empowerment, Effizienz und macht Prozesse schnell. Genau diese Zusammenhänge erläutert der Autor aus verschiedenen Perspektiven.

© Der/die Herausgeber bzw. der/die Autor(en), exklusiv lizenziert durch
Springer-Verlag GmbH, DE, ein Teil von Springer Nature 2020
W. Schön, *Vertrauen, die Führungsstrategie der Zukunft*,
https://doi.org/10.1007/978-3-662-61971-1_1

1.1   Emotionale Bindung und Vertrauen

Drei Viertel der deutschen Bevölkerung misstrauen politischen Parteien, 67 Prozent der Deutschen misstrauen Banken und 72 Prozent misstrauen großen Wirtschaftsunternehmen. „Vertrauenskrise" ist das alarmierende Schlagwort, mit dem Dr. Robert Grimm von Ipsos Public Affairs (Grimm 2018) in der Pressemitteilung zur Studie „Vertrauen, Populismus und Politikverdrossenheit" die aktuelle politische Kultur in Europa beschreibt. Die repräsentative Studie wirft einen Blick „von draußen" auf Politik und Wirtschaft.

Doch wie sieht die Situation innerhalb deutscher Unternehmen aus? Darüber gibt der „Engagement Index Deutschland" des Markt- und Meinungsforschungsinstituts Gallup Auskunft. Die Ergebnisse der Studie aus dem Jahr 2018 (Nink 2019) zeigen, dass nur 15 % der deutschen Beschäftigten eine hohe emotionale Bindung zu ihrem Unternehmen empfinden. 14 % fühlen keinerlei emotionale Bindung und haben innerlich gekündigt. 71 % der Beschäftigten geben an, eine geringe emotionale Bindung zu ihrem Unternehmen zu haben. Fehlendes Engagement und eine geringe emotionale Bindung haben weitreichende Konsequenzen für Unternehmen. Laut der zitierten Studie beliefen sich die volkswirtschaftlichen Kosten aufgrund innerer Kündigung allein im Jahr 2018 auf eine Summe zwischen 77 und 103 Milliarden Euro. Demgegenüber wirkt sich eine hohe Bindung positiv auf den Unternehmenserfolg (Nink 2016) aus, erhöht sie doch die Leistungsfähigkeit der Mitarbeiter und des gesamten Unternehmens. Die wesentlichen Ergebnisse sind:

- Je höher die emotionale Bindung, desto höher die Produktivität (+21 %) und Rentabilität (+22 %).
- Je höher die emotionale Bindung, desto höher die Motivation, herausragende Leistungen zu erbringen, und desto geringer die Qualitätsmängel (−41 %).
- Je höher die emotionale Bindung, desto niedriger die Anzahl der Arbeits-unfähigkeitstage (−37 %) und desto geringer die Mitarbeiterfluktuation (−25 %).

- Eine wertschätzende Unternehmenskultur schafft Loyalität und Produktivität.
- Neben dem Verhalten der direkten Führungskraft, die den Grad der Mitarbeiterbindung beeinflusst, entscheidet die Kultur (Fehler- und Vertrauenskultur), wie schnell Unternehmen sich auf veränderte Rahmenbedingungen einstellen können.
- Agilität erhöht sich durch mehr Handlungsspielraum, mehr Eigenständigkeit, bessere Zusammenarbeit und Mut für Neues.

Kann eine Abhängigkeit zwischen der emotionalen Bindung auf der einen Seite und dem Vertrauen in das Unternehmen bzw. in die Führungskraft auf der anderen Seite abgeleitet werden? Darauf gab die Gallup-Studie von 2012 eine Antwort (Nink 2013). Die Studie zeigte einen direkten Zusammenhang zwischen emotionaler Bindung und dem empfundenen Vertrauen. Haben Mitarbeiter kein Vertrauen in die Führung, stehen die Chancen 1:12 (8 %), emotional gebunden zu sein. Haben die Mitarbeiter aber Vertrauen in die Führung, stehen die Chancen für eine emotionale Bindung bei 1:2 (50 %). Vertrauen kann damit die emotionale Bindung um den Faktor 3 erhöhen.

Eine Studie von Franklin Covey (Covey und Merrill 2018) belegt, dass 10 % mehr Vertrauen den gleichen Effekt auf die Zufriedenheit der Mitarbeiter haben wie 36 % Gehaltssteigerung. Die Daten der Studien zeigen eindrucksvoll, dass zwischen der Fähigkeit, Vertrauen aufzubauen, dem Grad der emotionalen Bindung von Mitarbeiterinnen und Mitarbeitern und damit auch der Zufriedenheit im Unternehmen ein direkter Zusammenhang besteht.

1.2 Vertrauen, ein harter Wirtschaftsfaktor?

Wenn ich mit Unternehmern über Vertrauen und dessen Auswirkungen spreche, merke ich immer wieder: Das Thema braucht einen Moment, und es läuft häufig eine interessante Gedankenkaskade mit den Stufen Abwehr und Vorurteil, Reflexion und Erkenntnis bei meinen Gesprächspartnern ab (siehe Abb. 1.1).

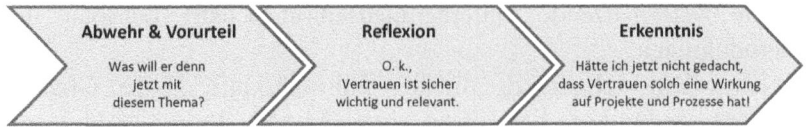

Abb. 1.1 Gedankenkaskade durch die Konfrontation mit dem Thema „Vertrauen, ein harter Wirtschaftsfaktor". (Quelle: eigene Darstellung)

Doch lassen Sie mich einen Schritt zurückgehen. Viele Unternehmen stehen in hartem Wettbewerb mit Konkurrenzfirmen. Intensiver Wettbewerb kostet Energie und leitet den Fokus weg von Zielen und notwendigen Optimierungen hinein in die operative Wettbewerbssituation, den Kampf. Kampf kostet allerdings Geschwindigkeit – implizit und explizit. Ein übertragbares Beispiel ist der Positionskampf zweier Formel-1-Boliden. Erst gestern hörte ich den Moderator von Sky sagen: „Der Verfolger holt gegenüber den beiden Kampfhähne auf. So ein Positionskampf kostet halt Konzentration, die Reifen werden stärker beansprucht, und die Rundenzeiten gehen nach unten." Halten wir fest: Wettbewerbs- und Konfliktsituationen machen langsam.

》》„Wer nicht schnell ist, ist tot." - Jack Welch (ehemaliger CEO von General Electrics)

Auf der anderen Seite wird durch die Digitalisierung von Prozessen und die Entwicklung neuartiger, digitaler Geschäftsmodelle der Faktor „Geschwindigkeit" endgültig zum Wettbewerbsfaktor #1. Jack Welch, ehemaliger CEO bei General Electrics (GE), betonte in seiner aktiven Zeit immer wieder die Relevanz der Geschwindigkeit für den unternehmerischen Erfolg. Doch was macht Unternehmen schnell und wettbewerbsfähig? Es ist ihr Umgang mit dem Thema Vertrauen!

Beispiel – USA

Nach den Terroranschlägen vom 11.09.2001 in den USA war allen Fluggesellschaften und Flughafenbetreibern klar: Die Sicherheitslage muss neu bewertet werden. Das entstandene Misstrauen gegenüber allen Passagieren führte zu hohen Investitionen in neue, sichere Cockpittüren, die Anstellung von Air Marshalls und die technische und personelle Ausstattung der Passagierkontrollen, um nur einige zu nennen. Das Resultat war und ist für uns alle von täglicher Bedeutung. Jeder Passagier muss heute mehr Zeit für die Kontrolle einplanen, die Flughafenbetreiber müssen kontinuierlich in die Qualität und Zuverlässigkeit der **Passagierkontrollen** investieren bei gleichzeitig sich verlangsamenden Abfertigungsprozessen. Das Ergebnis ist offensichtlich: Mangelndes Vertrauen erzeugt Kosten und verlangsamt die Prozesse.

Beispiel – Pressemitteilung

Der Inhaber eines mittelständischen Unternehmens möchte alle Pressemitteilungen und **Informationen**, die an die Öffentlichkeit gehen, persönlich freigeben. Er betont, dass er seinem Team vertraut, aber: „Vertrauen ist gut, Kontrolle ist besser" (siehe Abschn. 2.5). Diese Einstellung, dieses Vorgehen, zusammen mit der geringen zeitlichen Verfügbarkeit des Inhabers führen nicht selten zu großen Verzögerungen in der Aussendung von wichtigen Informationen an Kunden und die Presse. Ergebnis: verspätete Herausgabe von Pressemitteilungen, zusätzliche Kosten, Verlangsamung des Informationsprozesses, Demotivation in den betroffenen Teams und zunehmende Unzufriedenheit durch das gelebte Misstrauen des Inhabers.

Beispiel – Hotel

Die **Zimmerreinigung** ist in Hotels tägliche Aufgabe und wird entweder durch festangestelltes Personal oder externe Dienstleister erledigt. Da man aber dem Reinigungspersonal in der Erledigung dieser wichtigen Aufgabe in der geforderten Qualität nicht vollends vertraut, sind vielerorts Supervisor etabliert, die die Reinigungsqualität prüfen und gegebenenfalls Mängel nacharbeiten und selbstverständlich dokumentieren. So weit nichts

Atemberaubendes, doch die Kontrolle hat Auswirkungen. Erstens wird die Reinigungskraft bewusst oder unbewusst nicht voll konzentriert arbeiten, denn sie weiß: Jemand wird die Resultate kontrollieren und wenn nötig auch nachbessern. Gerade durch die Kontrolle wird die Kontrolle erst notwendig, denn die Reinigungskraft hat nicht die „explizit ausgesprochene volle Verantwortung". Doch die Spirale dreht sich weiter. Um die Kosten für den Supervisor zu kompensieren, werden die Zeiten pro Zimmer weiter reduziert, was die Qualität ebenfalls reduziert. Das Resultat: Es etabliert sich ein Prozess, der eine Kontrolle erfordert (steigende Kosten) und der dazu führt, dass die Zimmerfreigabe erst dann erfolgt, wenn die Zimmerabnahme (Verlangsamung des Prozesses) durchgeführt wurde. Mehr Vertrauen und die Übergabe der vollen Verantwortung an die Reinigungskräfte würde Kosten einsparen, die Qualität sogar steigern und die Zimmerfreigabe beschleunigen.

Dass es in der rauen Hotelbranche auch anders gehen kann, zeigt der **Schindlerhof**, ein Hotel in der Nähe von Nürnberg unter der Leitung der Familie Kobjoll. Hier gehören Vertrauensvorschuss und Eigenverantwortung zur Firmenphilosophie. In einem Artikel in der FAZ vom 15.04.2017 (Kals 2017) mit dem schönen Titel „Glückwunsch zum Fehler des Monats" wird der Gründer des Hotels Klaus Kobjoll wie folgt zitiert: „Wenn Sie Mitarbeiter hinter deren Rücken kontrollieren, werden die das merken. Das ist keine Vertrauensbasis. Ich laufe nicht durch die Spülküche und sehe, wo die Fliesen zu rutschig sind. Dort ist die kompetenteste Person nicht der Chef, sondern derjenige, der dort arbeitet. Wir wählen Mitarbeiter aus, filtern Individualisten raus, dann aber lassen wir sie machen. Ich sehe das als Spielplatz für Erwachsene und halte mich aus Konflikten weitgehend heraus." Auf meine Anfrage zu dem Thema reagierte die Geschäftsführerin Nicole Kobjoll innerhalb von drei Stunden: „Wir machen einen Unterschied zwischen der schrecklichen Kontrolle und feinem Controlling. So zum Beispiel bei den Zimmerfrauen. Fangen sie neu bei uns an, so ist es wichtig, dass sie gut eingearbeitet werden. Sie haben Checklisten und einen Paten an ihrer Seite – und ja, da wird, basierend auf unserem Qualitätsmanagement, das Zimmer auch einmal gemeinsam gecheckt. Je langjähriger sie bei uns sind und je selbstständiger sie arbeiten, desto weniger ist das natürlich nötig! Wir haben Frauen im Housekeeping, die seit 20 Jahren bei uns arbeiten, und es wäre albern, sie zu kontrollieren." Aus eigener Erfahrung kann ich sagen: In diesem Hotel kümmert sich wirklich jeder Mitarbeiter, jede Mitarbeiterin um die Kleinigkeiten – zum Beispiel um das Papier, welches am Boden liegt. Jeder bewegt sich mit einem Verantwortungsbewusstsein durch das Areal, als wäre es das eigene Hotel. Einfach herausragend!

» „Mein Job ist weniger die Kontrolle als vielmehr die Ermutigung und die Übergabe von Macht an Leute mit Träumen und Visionen." - Jack Welch (ehemaliger CEO von General Electrics)

Die Wettbewerbsfähigkeit von Unternehmen kann durch Vertrauen explizit gesteigert werden. Prozesse werden beschleunigt und gleichzeitig reduzieren sich die Prozesskosten. Warum? Ganz einfach: Kontrollen verschwinden aus dem täglichen Aufgabenspektrum. In diesem Sinne interpretiere ich auch das obige Zitat von Jack Welch, in dem er sich explizit für weniger Kontrolle im Unternehmen ausspricht.

Konkreter wird Stephen M. R. Covey in seinem Buch „Schnelligkeit durch Vertrauen" (Covey und Merrill 2018). Er sieht Vertrauen im Unternehmen als ultimativen Erfolgsfaktor. Nicht wenige Unternehmer denken immer noch, dass durch eine starke innerbetriebliche Wettbewerbskultur mehr aus der Belegschaft „herauszuholen" ist. Doch genau das Gegenteil ist zutreffend. Es ist anerkanntes Wissen: „Wirtschaftlicher Erfolg beruht immer auf Erfolg im Markt, und Erfolg im Markt beruht auf Erfolg im Unternehmen. Und der Kern von allem ist Vertrauen" (Covey und Merrill 2018). Gerne fasse ich den von Stephen M. R. Covey eingeführten Zusammenhang zwischen Vertrauen, Schnelligkeit und Kosten in Abb. 1.2 zusammen.

Mangelndes Vertrauen macht alles schwer, macht Prozesse zäh und langsam, führt zu Demotivation, Unzufriedenheit und einem Umfeld, in dem Menschen ihre intrinsische Motivation nicht ausleben können – und dies bei zusätzlichen Kosten.

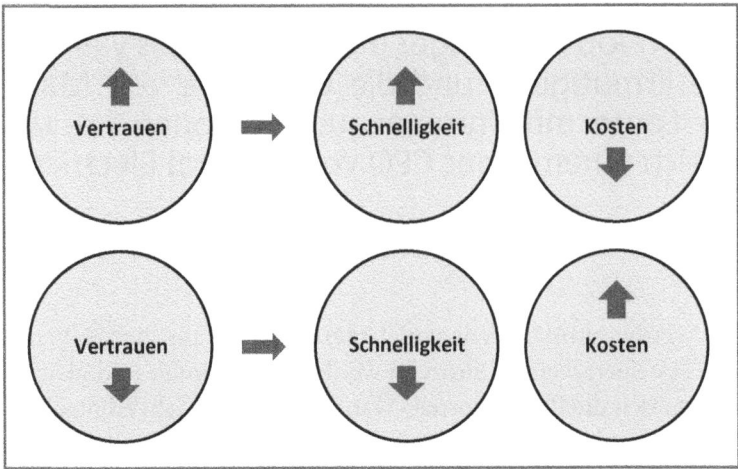

Abb. 1.2 Zusammenhang von Vertrauen, Schnelligkeit und Kosten. (Quelle: nach Covey und Merrill 2018, in eigener Darstellung)

In einem von Vertrauen, Wertschätzung, erkennbaren Absichten und Glaubwürdigkeit geprägten Umfeld entsteht Freude an der Arbeit sowie an den Erfolgen anderer. Menschen blühen auf, sind motivierter, zeigen eine höhere emotionale Bindung an das Unternehmen, agieren verantwortungsbewusster und begeben sich gerne in „das energiegeladene, spannende, vertrauensgeprägte" Umfeld Arbeitsplatz. In einer solch positiven Umgebung ist das Wohl des Kollegen, der Kollegin, der Mitarbeiterschaft oder des Geschäftspartners ebenfalls ein wesentlicher Aspekt, kurz: ein angestrebtes Ziel. Aus der Spieltheorie (siehe Abschn. 2.2) und besonders durch das Vertrauensspiel (Kreps 1990) ist nachvollziehbar abzuleiten, dass im Falle gegenseitigen Vertrauens sich für beide Partner gemeinsam ein Maximalgewinn ergibt.

Durch meine Arbeit in der Analyse psychischer Belastungen in Unternehmen erschließt sich für mich der Aspekt „Geschwindigkeit" sehr deutlich. Ausgeübte Kontrolle, eingeschränkter Informationsfluss, mangelndes Feedback und wenig Interaktion zwischen Führungskräften, Teams und Kollegen anderer Abteilungen erzeugen Konflikte, Demotivation und einen hohen Grad an Unzufriedenheit. All diese Aspekte sind, zumindest teilweise, auf mangelndes Vertrauen zurückzuführen und münden nicht selten in einer Reduktion der Prozessgeschwindigkeit im Unternehmen, bei gleichzeitig steigenden Kosten. Ich bin der tiefen Überzeugung: Schnelligkeit in Unternehmen entsteht immer dann, wenn das Miteinander und der Informationsaustausch durch Vertrauen geprägt sind.

»Schnelligkeit in Unternehmen entsteht immer dann, wenn das Miteinander und der Informationsaustausch durch Vertrauen geprägt sind.

1.3 Vertrauen – Erfolgsfaktor in Veränderungsprozessen und agilen Arbeitsorganisationen

Das Senken von Kosten, die Steigerung der Prozesseffizienz und die Erhöhung der innerbetrieblichen Transparenz sind wichtige Etappenziele, um die Wettbewerbsfähigkeit von Unternehmen zu steigern. Um diese Ziele zu erreichen, werden in jedem Unternehmen mehr oder weniger häufig Veränderungs- und Optimierungsprozesse durchgeführt, etwa die Einführung einer ERP-Software, neue interne Prozessabläufe, ein CRM-System, eine neue strategische Ausrichtung des Unternehmens oder ein frischer Firmenauftritt (Corporate Design/Corporate Identity). Besonders digitale Technologien ermöglichen es Unternehmen, ihre Prozesse effizienter zu managen und transparent aufeinander abzustimmen.

Die Herausforderungen der Digitalisierung und digitaler Geschäftsprozesse manifestieren sich auf zwei Ebenen. Zum einen sind es digitale Projekte und Veränderungsprozesse in den Unternehmen, zum anderen die Auswirkungen der Digitalisierung, sprich die Flexibilisierung der Arbeitswelt und die Einführung agile Arbeitskonzepte.

1.3.1 Vertrauen – Erfolgsfaktor für das Gelingen von Projekten und Veränderungsprozessen

Veränderungsprozesse und Change Management sind für jedes Unternehmen von essenzieller Bedeutung. Sei es, um Geschäftsprozesse zu optimieren, Strukturen anzupassen oder um neue digitale Prozesse zu implementieren.

Change ist wichtig, aber ich bin kein Freund von „Panta rhei – Alles fließt" und halte es in diesem Zusammenhang eher mit Prof. Peter Kruse (2008). Er sieht Change Management nicht als kontinuierlichen Zustand, sondern als den Übergang von einem stabilen Ordnungsmuster in ein anderes. Change Management ist eine Störung des Systems, um ein günstigeres, den Anforderungen angepasstes Ordnungsmuster zu schaffen. Er sagt in seinem YouTube-Video: „In einer Firma sollte die Bereitschaft bestehen, sich von einem stabilen System über eine krisenhafte Störung zu einem neuen stabilen Zustand zu bewegen. Das Ziel ist aber immer das stabile Funktionieren auf einer Ordnungsebene und nicht das andauernde Driften zwischen Ordnungszuständen."

Veränderungsprozesse sind wichtig für eine erfolgreiche und andauernde Entwicklung von Organisationen und Unternehmen – auch wenn niedrige Erfolgsraten von Veränderungs- und IT-Projekten anderes vermuten lassen. Die Mitarbeiterinnen und Mitarbeiter sind sich dieses Zusammenhangs zwischen Veränderung und Erfolg durchaus bewusst. Werden Veränderungen im Unternehmen für den Einzelnen konkret, dann tauchen plötzlich Probleme auf. Die moderne Software oder neue KI-Prozesse werden blockiert, die Anpassung des eigenen Arbeitsplatzes und der gewohnten Prozesse wird zu einer Frage „epischer Dimension" hochstilisiert und es reiht sich in der Projektumsetzung ein Problem an das nächste. Diese Probleme verzögern die planmäßige Projektumsetzung und führen nicht selten zum Scheitern des Projekts. Eine Katastrophe für den Projektleiter. Eine Katastrophe aber auch für das gesamte Unternehmen, denn eine technische oder strukturelle Weiterentwicklung bleibt aus. Wohin das führen kann, zeigt eindrucksvoll die deutsche Automobilindustrie. Sie hat in den letzten Jahren die Entwicklung der E-Mobilität nicht ausreichend schnell betrieben und hinkt deshalb Konkurrenten wie zum Beispiel dem US-amerikanischen Elektroautobauer Tesla deutlich hinterher.

Kriegesmann (2013) untersuchte in einer Studie 2013 die Frage, wie viele Projekte die gesteckten Ziele erreichen und welche Auswirkungen die Veränderungsprozesse auf die Belegschaft haben. In einer branchenübergreifenden Querschnittserhebung im Rahmen von 286 Veränderungsprozessen analysierte er die Ergebnisse und Auswirkungen der Reorganisation auf die Unternehmen und die Mitarbeiterschaft. Abb. 1.3 stellt die Ergebnisse grafisch dar.

Von offizieller Unternehmensseite wurden 90 % der Reorganisationsprojekte „als Erfolg" bewertet. Eine Detailanalyse in Bezug auf die vor Projektbeginn definierten Erfolgskriterien lieferte ein davon durchaus abweichendes Bild. Bei lediglich 46 % der Mitarbeiter fanden die Ergebnisse der Reorganisation eine hohe Akzeptanz. In 66 % der Fälle wurde nach der Reorganisation eine höhere Arbeitsbelastung der Mitarbeiterschaft dokumentiert. Auch die harten Ziele wie die Verbesserung der Wettbewerbsposition (66 %), die Kostensenkung (63 %) und die Verbesserung der Prozessqualität (57 %) konnten nach Projektabschluss nur zum Teil erreicht werden.

In den letzten 25 Jahren wurden weltweit viele IT-Systeme eingeführt, die das Kundenbeziehungsmanagement (CRM = Customer-Relationship-Management) vereinfachen sollten. Obwohl die Bedienung der CRM-Software in den Anfangsjahren als durchaus „sperrig" zu bezeichnen war, haben sich die Systeme von Anbietern wie Salesforce, SAGE und Microsoft inzwischen durchgesetzt. Trotz der weiten Verbreitung und dem zwischenzeitlichen Status „Standardsoftware" wird in verschiedenen Studien nach wie vor von einer hohen Anzahl gescheiterter CRM-Implementierungen berichtet. Abb. 1.4 stellt die Ergebnisse von Hildebrand (2015) grafisch dar. Sie analysierte in ihrer Studie die Ergebnisse anderer Studien aus unterschiedlichen Jahren und stellte dabei fest, dass zwischen 30 und 70 % aller CRM-Projekte scheitern.

Dass diese prozentual hohe Zahl gescheiterter Projekte (Failure Rates) nicht ein Problem von CRM-Projekten alleine ist, untermauerte eine persönliche Diskussion mit Prof. Dr. Stefan Krüdener von der Techni-

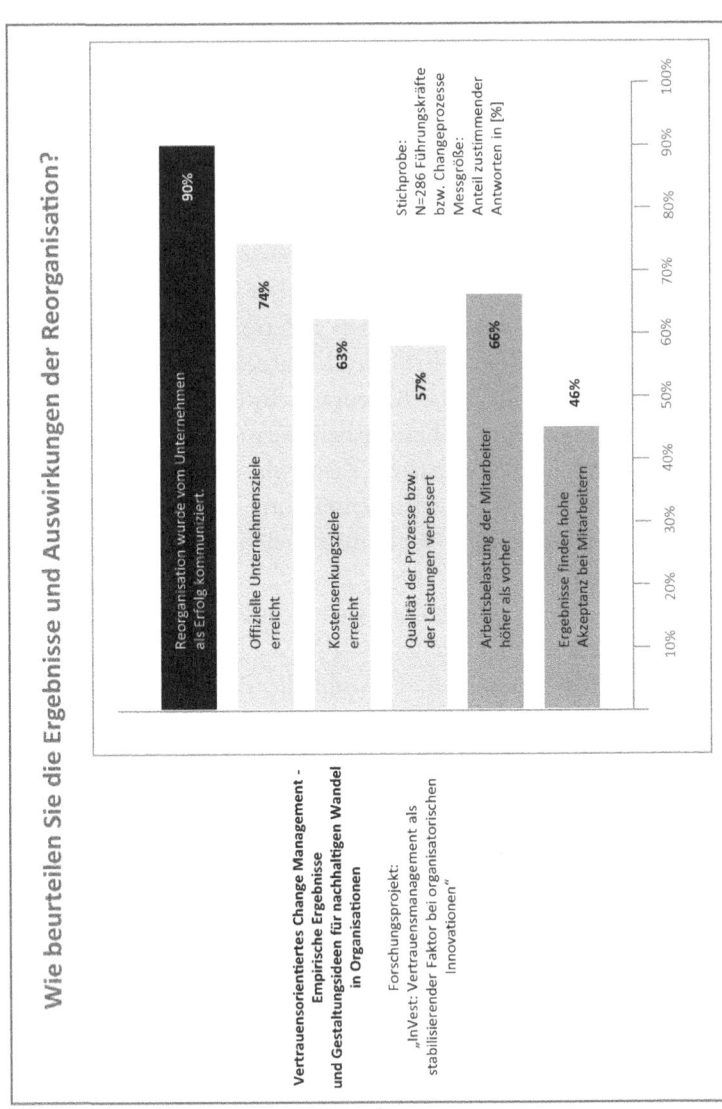

Abb. 1.3 Beurteilung der Ergebnisse und Auswirkungen von Reorganisationen. (Quelle: nach Kriegesmann et al. 2013, in eigener Darstellung)

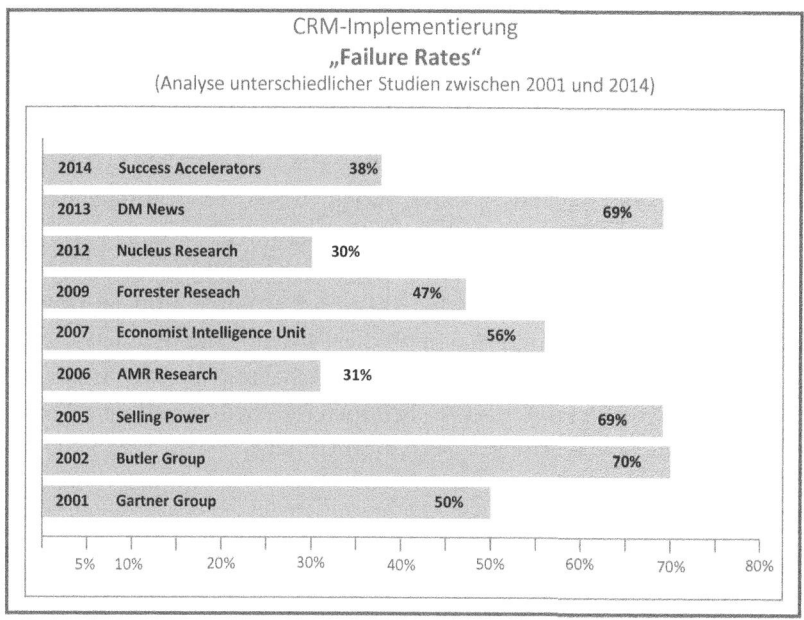

Abb. 1.4 Analyse gescheiterter CRM-Projekte nach Hildebrand. (Quelle: nach Hildebrand 2015, in eigener Darstellung)

schen Hochschule Mittelhessen. Er geht aufgrund seiner Erfahrungen davon aus, dass rund 50 % der IT-Projekte scheitern (Krüdener 2020). Bleibt die Frage nach den Gründen. In einem Artikel (Schön 2020) erarbeitete ich die Ursachen, warum viele Reorganisations-, Veränderungs- und IT-Projekte die gesteckten Ziele nicht oder nur zum Teil erreichen. Ich zitiere aus der Veröffentlichung:

- „Überschätzung der positiven Effekte neuer Prozesse und neuer Software
- unscharfe bzw. unklare Ziele
- überpositive Darstellung der erreichbaren Ziele
- Projektplanung hinter verschlossenen ‚Chefbüro-Türen' und ohne das Einbeziehen der Beteiligten bzw. der Betroffenen
- Überbewertung der Technologie als ‚Lösungsansatz'
- Nichtbeachten der Tatsache, dass viele IT-Projekte in Wirklichkeit Kulturprojekte sind

- Unterschätzung der Wirkung/Stärke der bestehenden Unternehmens-kultur
- unklare Nutzenaspekte für die Beteiligten und die Betroffenen
- Hidden Agendas: Vermutung von Mitarbeitern, dass es ‚verborgene Ziele' gibt
- mangelnde oder fehlende Analyse bezüglich der Auswirkungen der an-gestrebten Veränderungen auf die Belegschaft
- Nichtberücksichtigung von Erfahrungen der Belegschaft mit früheren Veränderungsprozessen, die die Themen Vertrauen und Misstrauen deutlich beeinflussen und zu potenziellen Widerständen führen können
- Nichtberücksichtigung psychologischer Aspekte wie z. B. Ängste der Belegschaft vor Veränderungen, Kompetenzdefiziten und dem Verlust des persönlichen Wertes für das Unternehmen."

Das Thema Vertrauen spielt eine wichtige Rolle in Change- und Im-plementierungsprozessen. Vertrauen ist ein fragiles Gebilde und droht immer dann zu zerbrechen, wenn Projektbetroffene nicht rechtzeitig in-volviert werden oder die Kommunikation nicht offen verläuft. Kriegesmann (2013) fand heraus, dass selbst nach erfolgreichen Veränderungsprojekten eine Verringerung der Mitarbeiterbindung, eine zunehmende Fluktuation von Leistungsträgern und ein Vertrauensverlust gegenüber dem Top-Management zu beobachten ist. Nach Kriegesmann (2013) sind folgende Aspekte besonders vertrauensschädigend und wirken sich deshalb negativ auf Veränderungsprozesse aus:

- Widersprüche zwischen Worten und Taten (wahrnehmbare oder ge-fühlte Widersprüche)
- mangelnde Ansprechbarkeit und geringe Zuverlässigkeit in der Ein-haltung von Zusagen durch Projektmanagement und Geschäftsleitung
- keine oder wenig Projekttransparenz
- mangelnde Benennung von Nutzenaspekten
- mangelnde Kompetenz und handwerkliche Mängel (fehlende Reife der Veränderungskonzepte und unzureichend durchdachte Umset-zungsschritte)
- mangelnde Einbindung von Betroffenen

Fallbeispiel: Einführung CRM-Software[1]

Das Wissen um Kunden, deren Bedürfnisse und deren Situation ist von großer Bedeutung für die SANOPLU GmbH. Das Kundenmanagement verantworteten die Vertriebsmitarbeiter. Neben dem Vertrieb hatten weitere Abteilungen (Kundenservice, technischer Kundendienst) Kundenkontakt. Die in diesen erhaltenen wichtigen Kundeninformationen wurden zwar zum Vertrieb kommuniziert, aber nur selten berücksichtigt. Eine Rückmeldung der eingeleiteten Maßnahmen oder gar ein „Danke" gab es mit wenigen Ausnahmen nicht. Vor diesem Hintergrund fällte die Geschäftsleitung den Beschluss, das Kundenbeziehungsmanagement auf neue Füße zu stellen. Als Projektleiter wurde ein Produktmanager ausgewählt, der in einem anderen Unternehmen bereits Erfahrungen mit CRM-Software gesammelt hatte. Ziele waren, die Prozesse des Kundenmanagements und der internen Kommunikation zu optimieren, die Vertriebsmitarbeiter bei der Tourenplanung zu unterstützen sowie ein neues Vertriebstracking einzuführen. Folgendes passierte im Verlauf des Projektes:

* Das neue Konzept wurde nach Genehmigung durch die Geschäftsleitung von dem projektverantwortlichen Produktmanager im Vertrieb vorgestellt.
* Als Hauptnutzen wurden kommuniziert: Arbeitserleichterung und Prozessoptimierung.
* Das Projekt wurde als reines IT-Projekt dargestellt.
* Die Software wurde auf allen Rechnern des Kundenservice, des technischen Kundendienstes und des Vertriebs aufgespielt.
* Die Schulungen verliefen gut organisiert, aber mit schleppender Unterstützung durch den Vertrieb.
* Die Kundendaten und die Kundenhistorie wurden von einigen Mitarbeitern vollständig, von anderen Mitarbeiterinnen und Mitarbeitern des Vertriebsteams nur sehr zögerlich, wenn überhaupt, eingepflegt. Vor allem das Serviceteam musste hierbei weitreichende Unterstützung leisten.
* Der junge Projektleiter tat sich über das gesamte Projekt hinweg schwer damit, die Entscheider und Meinungsbildner im Vertriebsteam hinter sich und die festgelegten Ziele zu bekommen.
* Das IT-Projekt wurde als Erfolg angesehen, die Wirkung im Unternehmen war verheerend negativ!

---

[1] Die Fallbeschreibung enthält Erfahrungen aus drei unterschiedlichen Unternehmensprojekten. Das Unternehmen SANOPLU GmbH und die inhaltliche Zusammenstellung sind aber fiktiv gewählt.

Was war geschehen? Durch mangelnde Kommunikation der Ziele und des Nutzens der Einführung, kein Einbeziehen der Betroffenen (Vertrieb, Kundenservice, technischer Kundenservice) und das nicht kommunizierte Ziel „Vertriebstracking" stand das Projekt von Anfang an unter einem schlechten Stern. Auch wurden in der Projektplanung die vorhandenen Ängste der Außendienstmitarbeiter, ihr Kundenwissen preiszugeben, nicht berücksichtigt. Mögliche Akzeptanzprobleme des jungen Projektleiters durch den Vertrieb wurden ebenfalls nicht bedacht. Besonders die Kopplung der Spesenabrechnung an die CRM-Software und der Zwang, die Kundendaten in das CRM-System einzugeben, sorgten für eine große Unzufriedenheit im Vertrieb. Die Auswirkungen: Zwei Top-Verkäufer verließen die Firma, und der Projektleiter fand nach dem CRM-Projekt keinerlei Akzeptanz mehr für sein Kerngeschäft als Produktmanager. Er verließ das Unternehmen acht Monate später. Die angestrebte Optimierung des internen Informationsaustauschs zwischen den drei betroffenen Abteilungen fand aufgrund des fehlenden Kommunikationskonzeptes nicht statt. Die Software alleine konnte dies nicht leisten.

An dem Beispiel ist gut zu erkennen, welche handwerklichen und kommunikativen Fehler zum Scheitern eines Projektes führen können. Information, Wertschätzung und Einbeziehen sind wichtige Aspekte für die erfolgreiche Durchführung von Projekten.

Vertrauen als Erfolgsfaktor
Ohne Vertrauen geht auch in Veränderungsprozessen und bei der Implementierung neuer Prozesse nur wenig. Selbstverständlich ist für das Gelingen von Projekten ein kompetentes und strukturiertes Projektmanagement unabdingbar. Ohne jedoch das Thema Vertrauen bereits im Vorfeld stets aufzunehmen und entsprechende Maßnahmen einzuleiten, ist der Projekterfolg stark gefährdet. Um diese Gefahr abzuwenden, sind folgende Schritte von großer Bedeutung:

- Ansprechbarkeit der Top-Führungskräfte für Stakeholder und Betroffene sichern
- Kompetenz in Bezug auf die Qualität und Klarheit der Konzepte
- gezielte, stabile, kontinuierliche, adressatengerechte und vorausdenkende Kommunikation (inkl. Berücksichtigung potenzieller Probleme)

- Fähigkeit, potenzielle Missverständnisse in der Belegschaft zu erkennen
- nachvollziehbare, verständliche Ziele und Absichten kommunizieren
- verborgene Absichten (Hidden Agenda) vermeiden
- Einbeziehung aller Gruppen von Stakeholdern (aller Ebenen)
- Feedback einholen und ernsthaft in der Projektplanung berücksichtigen
- Ängste von Betroffenen wahrnehmen und adressieren
- Transparenz über den gesamten Prozess hinweg herstellen (Ziele und Nutzen)
- Zuverlässigkeit, Ehrlichkeit und Einhaltung von Zusagen sichern
- Arroganz gegenüber den vermeintlichen „Blockierern" ablegen
- offene Kommunikation positiver wie negativer Konsequenzen
- Projektteams um eine Person erweitern, die ausschließlich das Thema Vertrauen im Blick hat

Vertrauen ist aus meiner Sicht der zentrale Faktor im Spannungsfeld „Führungsverhalten & Projekt- und Change-Erfolg". Es ist deshalb ratsam, das Thema „Vertrauen" frühzeitig in jedem Projekt zu berücksichtigen und nicht erst dann, wenn es gebraucht wird. Es gilt eine belastbare Vertrauenskultur in der Organisation, in der Führungskommunikation und im kollegialen Umgang zu etablieren und konsequent zu leben. Dann wird Vertrauen zur Führungsstrategie innerhalb von Projekten und Veränderungsprozessen.

Die Umsetzung eines vertrauensorientierten Change Managements ist die Voraussetzung für erfolgreichere Change- und Veränderungsprojekte; dies betrifft neben Software- und Technologieprojekten besonders auch Struktur-, Reorganisations- und Automatisierungsprojekte.

Vertrauen ist aber auch zu Beginn von Dienstleistungsprojekten von großer Bedeutung, denn der Kunde kann das Produkt „Dienstleistung" weder anfassen noch optisch wahrnehmen. Wie es Hendrik Adam im Interview (siehe Abschn. 5.3) sagt: „Der Kunde muss sich letztendlich auf der Basis dessen, was er hört, sieht und wahrnimmt, entscheiden und muss darauf vertrauen, dass wir (als Dienstleister) das gut machen." Damit wird Vertrauen zum umfassenden Erfolgsfaktor von der Auswahl des Dienstleisters bis zum erfolgreichen Projektabschluss.

1.3.2 Vertrauen in Zeiten digitaler Prozesse und agiler Arbeitsorganisationen

Die Digitalisierung im Geschäfts- und Arbeitsleben kennt zwei Stränge. Zum einen die Digitalisierung, die analoge Prozesse in digitaler Form abbildet und damit die Verfügbarkeit, Verarbeitung und Analyse von Daten auf ein neues Level hebt. Dazu gehört zum Beispiel die Implementierung neuer ERP- und CRM-Software. Analoge Daten werden digital abgebildet, und ihre Verarbeitungsmöglichkeit wird damit erweitert. Digitale Prozesse hingegen sind „disruptiv", sprich neue Prozesse und Technologien, die es in der analogen Welt so nicht gibt oder gab. Das können Algorithmen oder Plattformen sein, die nicht mehr Menschen und Unternehmen, sondern Menschen mit Menschen direkt verbinden. Diese Plattformen wie „airbnb" und „Uber" agieren außerhalb klassischer Geschäftsmodelle und fokussieren auf die Bedürfnisse der Kunden. Aus „Transport" mit Bus und eigenem Auto werden Mietplattformen, die die Dienstleistung „Mobilität" bieten. Wir alle sehen diese Entwicklung beim Thema E-Roller in unseren Städten. Wer heute ein neues Nahrungsmittel „erfindet", ist lange nicht mehr nur auf den Handel angewiesen, denn das Produkt kann via Direktvertrieb über das Internet realisiert werden.

Doch die Digitalisierung und digitale Prozesse verändern auch das Arbeiten und das Miteinander in Unternehmen. Die Produkt- und Dienstleistungszyklen verkürzen sich, was wiederum eine schnellere Produktentwicklung notwendig macht. Prozesse werden schneller, Entscheidungen müssen zügiger getroffen werden bei gleichzeitig mehr Prozess- und Projektbeteiligten – intern wie extern. Und Unternehmen sollten bereit sein, jederzeit auf Veränderungen zu reagieren. Das Zauberwort heißt Agilität.

Goldman (Goldman und Nagel 1996) definiert: „Für ein Unternehmen bedeutet Agilität die Fähigkeit, in einer Wettbewerbsumgebung gewinnbringend zu operieren, die charakterisiert ist durch ständig, aber unvorhersehbar sich verändernde Kundenwünsche." Um dies zu erreichen, brauche es vor allem drei Dinge: erstens eine maximale Aufmerksamkeit für den Markt, die Kunden und Konkurrenten, zweitens Entscheidungsfindungsprozesse, die nicht an Hierarchien und Formalitäten gebunden sind, und drittens die schnelle Umsetzung der Entscheidungen. Ist dies das Ziel, können Unternehmen und Führungskräfte nicht länger in hierarchischen Strukturen, starren Prozessen, langwieriger Dokumentation und dem Befolgen von festgelegten „5-Jahres-Plänen" verharren. Es braucht Führungskräfte, die bereit sind, ihre Rolle neu zu definieren und Verantwortung auf die Mitarbeiter zu übertragen, was wiederum von der Mitarbeiterschaft eine hohe Selbstführungskompetenz erfordert. Agilität braucht Individualität und Interaktion, Leitplanken, innerhalb derer definierte Ziele in Teams erledigt werden. Kernkompetenzen einer agilen Organisation sind Transparenz, Dialog, Feedback und ein stabiles Fundament von gegenseitigem Vertrauen.

❯❯Vertrauen ist der entscheidende Schlüsselfaktor in der erfolgreichen Einführung agiler Arbeitsmethoden.

Vertrauen ist, wenn man in die agile Welt eintaucht, an verschiedensten Stellen von Bedeutung, so Hendrik Adam in unserem gemeinsamen Interview (siehe Abschn. 5.3). Er sagt: „Wenn man als agiles Unternehmen arbeitet, dann versteht man sich selbst und den Kunden als ein Team. Nicht Auftraggeber und Auftragnehmer – es gibt nur das Team. Am Ende des Tages ist das Thema Vertrauen an jeder Schnittstelle relevant. Im Team geben wir uns das Versprechen, etwas zu liefern. Das heißt, ich vertraue darauf, dass jeder im Team das Beste tut, um das Ziel zu erreichen, und dies im Rahmen seiner Möglichkeiten."

Gerne möchte ich an dieser Stelle das Zitat des Instituts für Management und Organisation (Fechtner 2013) bemühen: „Vertrauen reduziert nicht nur die Komplexität und Transaktionskosten in Organisationen, sondern erhält auch die Selbstmotivation (intrinsische Motivation) des Mitarbeiters. Vor allem aber ermöglicht gegenseitiges Vertrauen die Selbststeuerung und Selbstkoordination. Vertrauen ist eine unumgängliche Voraussetzung des Funktionierens flacher, wissensbasierter Organisationen. Es spricht einiges dafür, dass digitale Geschäftsmodelle und digitale Prozesse ebenfalls auf diesen Formaten von Organisationsmanagement und Führung aufbauen."

Aus meiner Sicht sind das gegenseitige Vertrauen aller Beteiligten und eine gelebte Vertrauenskultur die entscheidenden Schlüsselfaktoren in der erfolgreichen Einführung agiler Arbeitsmethoden.

1.4   Allgemeine Relevanz in der Arbeits- und Organisationspsychologie

Die Organisationspsychologie befasst sich mit der Wechselwirkung von Individuen und Organisationen, also die gegenseitige Beeinflussung von Belegschaft und Unternehmen. Dabei geht es um das Erleben und die Einstellungen von Menschen in Organisationen und Zustände, die Veränderungen entstehen lassen bzw. diese beeinflussen.

Vor dem Hintergrund der eigenen Erfahrungen in der Organisationspsychologie und dem Umgang mit der „Gefährdungsbeurteilung psychischer Belastungen" (Schön 2018) sind fehlende Informationen, mangelndes Feedback, geringe Wertschätzung und nur mäßiges gegenseitiges Interesse Ursachen für die Entwicklung psychischer Belastungen am Arbeitsplatz. Grund dafür ist nicht selten eine wenig ausgeprägte Vertrauenskultur in Unternehmen. Mangelndes Vertrauen oder gar Misstrauen wirkt sich im ersten Schritt negativ auf die innerbetriebliche Beziehungsqualität aus, infiziert im zweiten Schritt die innerbetrieblichen Schnittstellen und sorgt letztendlich dafür, dass selbst gut strukturierte Prozesse nicht funktionieren. In jedem Unternehmen ist der Ruf nach einer Vertrauenskultur nicht romantischer Einwurf, sondern eine Forderung zur Schaffung einer wichtigen Grundlage für ein gemeinsames und abgestimmtes Handeln. **Vertrauen hemmt nicht – Vertrauen rettet Unternehmen!**

In angloamerikanischen Organisationen sind Untersuchungen, die das betriebliche Miteinander analysieren, weit verbreitet. Deshalb sind auch Tests, die die Vertrauenswürdigkeit von Personen und Abteilungen erfassen (**Organizational Trust Inventory**), häufig anzutreffen. Aus meiner Sicht ein durchaus gangbarer Weg. Ein langfristig erfolgreiches Unternehmen braucht eine ausgeprägte und gelebte Vertrauenskultur, die sich in den Mission-/Vision-Statements, aber vor allem auch im täglichen Miteinander widerspiegelt. Die Herausforderung ist die Transformation von einer Wettbewerbs- und Ego-Kultur hin zu einer auf Kooperation ausgerichteten Vertrauenskultur. Moderne, agile Organisationsstrukturen können ohne gelebte Vertrauenskultur nicht existieren. Das Arbeiten in agilen, virtuellen Teams, sprich die zunehmende Flexibilisierung und Virtualisierung der Arbeitssituation und der Arbeitsbeziehungen, erfordern ebenfalls ein Höchstmaß an Vertrauen in die Mitarbeiterinnen und Mitarbeiter. Eigenverantwortliches Arbeiten, die Umsetzung von Aufgaben und Projekten und das Treffen von Entscheidungen erhalten aufgrund der digitalen Beschleunigung von Prozessen eine Dynamik, die ohne Vertrauen letztendlich nicht zu bewältigen ist. Langwierige Prozesse des „Nach-oben-Delegierens" von Entscheidungen werden nicht mehr möglich sein. Die Etablierung einer Vertrauenskultur ist oder wird einer der Erfolgsfaktoren erfolgreicher Unternehmen, gleichzeitig aber auch eine wesentliche Aufgabe bei der Etablierung agiler Teams in einer zunehmend digitalisierten Arbeitswelt.

1.5   Symptome mangelnden Vertrauens (Blacklist)

Immer wieder stellt sich in Diskussionen die Frage, ob Vertrauen in Unternehmen gemessen werden kann. Die Messung von Systemvertrauen ist durchaus möglich, wobei ich eher von einem Audit sprechen möchte. In diversen Audits werden jene Faktoren beleuchtet, die nach wissenschaftlichen Studien in unterschiedlichen Zusammenhängen die Entstehung von Vertrauen fördern. Das IMO-Vertrauensinventar[*] des Instituts für Management und Organisation GmbH (Fechtner 2013) ist ein quantitatives Erhebungsinstrument, das es ermöglicht, je nach Fragestellung verschiedene Dimensionen einer Vertrauenskultur zu beleuchten. Grundlage dieses Instruments ist eine Studie der Ruhr-Universität Bochum (Fechtner 2013). In einem Projekt der TU Chemnitz (Prof. Dr. A. Bullinger) (Bullinger et al. 2013) wurde die Existenz vertrauensfördernder bzw. vertrauenshemmender Faktoren bestätigt, die in Erhebungen letztendlich zur Prüfung der Vertrauenskultur verwendet werden könnten. Das vom Autor selbst entwickelte Screening- und Erhebungsverfahren „WAVE" bezieht sich auf die von der TU Chemnitz extrahierten Faktoren und dient der Beantwortung von Fragestellungen das Systemvertrauen und das interpersonale Vertrauen betreffend (Schön 2020).

Diese und andere Audits ergeben insbesondere dann Sinn, wenn das gesamte Unternehmen einen weitreichenden Veränderungsprozess plant. Ich denke da besonders an die Einführung digitaler Geschäftsprozesse, die weitreichende Nutzung künstlicher Intelligenz (KI), die Etablierung agiler Arbeitsformen oder auch eine weitreichende Änderung die Unternehmenskultur betreffend.

Doch auch ohne Audits sind in jeder Organisation und in jedem Team mehr oder weniger sichtbare Hinweise für mangelndes Vertrauen zu erkennen, was folglich Prozesse behindert und die Leistungsentfaltung des Einzelnen negativ beeinflussen kann. Diese Hinweise, Signale und Symptome werden nachfolgend in einer „**Blacklist**" benannt und beschrieben. Die Liste ist deshalb wichtig, weil in vielen Unternehmen versucht wird, diesen „unter der Oberfläche liegenden Herausforderungen" durch eine Optimierung von Prozessen zu begegnen, anstatt sich einzugestehen, dass hier tieferliegende Probleme vorliegen, deren Ursachen in mangelndem Vertrauen zu suchen sind. Sei es in Bezug auf das Systemvertrauen oder aber auch in Bezug auf mangelndes Vertrauen zwischen Personen oder Teams.

Starke Wettbewerbs- und Ego-Orientierung
Die Situation: Jeder denkt nur an sich – sein Projekt, seine Ziele, seine Karriere. Es entsteht eine Überzeugung, dass jeder nur durch sich und seine individuelle Leistung Anerkennung und Erfolg erntet. Befördert wird dies durch ein überzogenes System von individuellen KPIs, also individuellen Leistungsindikatoren und Zielen. Ich spreche mich ausdrücklich nicht gegen das Setzen von Zielen aus, doch wenn diese zu einer egoistischen „Individualdenke" führen, dann sind sie komplett kontraproduktiv für die unternehmerische Gesamtentwicklung. In einem solchen Umfeld

herrscht kein Interesse am anderen, und jeder lebt und agiert auf seiner kleinen Ego-Insel. Dass in einem solch wettbewerbsorientierten Umfeld auch Mobbing und Missgunst entstehen können, ist nicht abwegig.

In einem Unternehmen, das demgegenüber auf Vertrauen setzt, wird das gemeinsam Erreichte zum Maß der Dinge, was sich folglich auch in den KPIs widerspiegelt. Die Energie des „Individualwettbewerbs" fließt dann in das gemeinsame Ziel ein, als Team und Organisation Höchstleistungen zu erbringen.

Schwindender Austausch

Die Situation: Bei der Entwicklung von Konzepten, neuen Ideen und neuen Prozessen findet nur geringer Austausch statt, und Kolleginnen und Kollegen werden lediglich rudimentär in die Überlegungen mit einbezogen. Die Arbeit wird im „stillen Kämmerlein" erledigt, unter Ausschluss der Öffentlichkeit. Ein solches Inseldenken führt zu nicht abgestimmten Konzepten, die durch Betroffene nicht selten aus Prinzip abgelehnt oder torpediert werden. Das Resultat sind langwierige Konzeptanpassungen, oder es wird versucht, die erarbeiteten Pläne „kalt" durchzusetzen. Beide Optionen kosten Geld, Zeit und stressen sowohl die Organisation als auch die Beteiligten und Betroffenen.

Herrscht demgegenüber gegenseitiges Vertrauen, werden Kolleginnen und Kollegen wie auch Betroffene oder Kunden frühzeitig in die Überlegungen und Planungen einbezogen. Ergebnis sind erfolgversprechende und abgestimmte Ideen und Konzepte, die von einer breiten Gruppe im Unternehmen getragen werden, wodurch die Realisierung und Implementierung meist einfach und mit nur wenigen Reibungsverlusten stattfinden können.

Rückzug und mangelndes „Sicheinbringen"

Wenn Menschen kein Vertrauen geschenkt bekommen bzw. selbst kein Vertrauen in ihr Umfeld haben, reagieren sie häufig mit Absonderung und Rückzug. Sie beginnen sich abzuschotten, und ihre Bereitschaft, sich in team- und projektrelevante Aufgaben einzubringen, offen Informationen zu liefern bzw. sich an deren Erarbeitung zu beteiligen, lässt immer mehr nach.

Verbesserungsvorschläge werden nicht mehr ausgesprochen
Die Situation: Man hat das Gefühl, dass die persönliche Meinung nicht
zählt, ja sogar unerwünscht ist. Jeder im Unternehmen handelt nach dem
Motto „Bloß nichts sagen". Werden dennoch Anmerkungen und Verbesserungsvorschläge kommuniziert, wird dies vom Empfänger häufig als
Angriff wahrgenommen, und er verabschiedet sich in den Modus „Verteidigung und Rechtfertigung". Die innerbetriebliche Atmosphäre ist geprägt von mangelndem Vertrauen in die Integrität und die positiven Absichten der Kollegen- und Mitarbeiterschaft. Eine solche Situation ist
hochgefährlich für das Unternehmen an sich sowie auch für dessen Weiterentwicklung. Zudem verhindert es die Nutzung des vollen Potenzials
eines jeden und führt zu Unzufriedenheit auf allen Hierarchieebenen.

Ein durch positiven und willkommenen Austausch geprägtes Umfeld
eröffnet verborgene Leistungspotenziale, liefert wichtige Ansätze für die
betriebliche Weiterentwicklung und schafft sowohl die Basis für das Entstehen einer Vertrauenskultur als auch für einen guten Ruf als Arbeitgeber.

Beweise und Absicherungen
Ein weiterer Indikator mangelnden Vertrauens ist häufig in der Kunden-
und Vertriebskommunikation zu beobachten. Fordert der Kunde ständig
Beweise für die getätigten Aussagen und vertragliche Absicherungen,
dann muss man davon ausgehen, dass das Vertrauenslevel zwischen dem
Vertriebsmitarbeiter und eben dem Kunden nur sehr schwach ausgeprägt
ist. In einer von Vertrauen geprägten Beziehung gibt man sich einen Vertrauensvorschuss, und das gegenseitige Wort und auch der traditionelle
Handschlag sind verbindlich. Auch hier ist die Gültigkeit der von Covey
(Covey und Merrill 2018) eingeführten Verknüpfung zu erkennen: Ist
Vertrauen vorhanden, werden Prozesse schnell und die Kosten sinken,
denn der Entscheidungsprozess ist mit dem Handschlag erledigt und es
sind keine zeit- und kostenintensiven Ausarbeitungen erforderlich.

**Eine offene Beschreibung der unternehmerischen Realität findet
nicht statt**
Die Situation: Interne und externe Realitäten und Schwächen werden gar
nicht oder nur in geringem Maße an die Geschäftsleitung kommuniziert.
Stattdessen wird nur das gespiegelt und kommuniziert, was die Unter-

nehmensspitze hören möchte. Nicht selten hört man in einem solchen Umfeld den Satz: „Die da oben leben doch sowieso in ihrer eigenen Realität." Ein Satz, der durch Misstrauen und Frustration geprägt ist. Ja, dies ist ein Problem für den Einzelnen, doch das wesentlich weitreichendere Problem entsteht für das Unternehmen. Das Fehlen realer Informationen und Beschreibungen der innerbetrieblichen Realitäten beeinträchtigt die Qualität der Unternehmensführung nachhaltig und massiv.

In einer Vertrauenskultur, in der das offene und wertschätzende Wort zählt, persönliche und gegebenenfalls auch nicht populäre Beschreibungen der Ist-Situation willkommen sind, dort können sich Menschen und Unternehmen entfalten, neue Ideen und Geschäftsmodelle entwickeln und somit den Bestand und die Evolution des Unternehmens sichern.

Hilfe, wir versinken in Bürokratie!

Die Situation: Eine effiziente Verwaltung und moderne, schlanke Prozesse sind wichtige Voraussetzungen, um die Wettbewerbsfähigkeit von Unternehmen zu stärken. So weit, so gut, aber wie sieht es in Wirklichkeit aus? Nicht selten bauen Unternehmen bewusst oder unbewusst einen Bürokratieapparat auf, der die Aktivitäten und das Wirken der Mitarbeiterschaft reglementiert, kontrolliert und sogar beschneidet. Bürokratie wird damit zu einem klassischen Kontrollinstrument und – in überzogener Form – als mangelndes Vertrauen von der Belegschaft wahrgenommen. Bestellprozesse, Zeit- und Pausenkontrollen, Reporting, überzogene Update-Prozesse sollen zwar vordergründig Transparenz, Kostenkontrolle und Planungssicherheit herstellen. In der Regel verfehlen die Maßnahmen die angestrebte Wirkung jedoch komplett. Stattdessen zahlt die Bürokratie direkt auf das Misstrauenskonto ein. Bürokratie macht jedes Unternehmen langsam, erzeugt hohe Kosten bei gleichzeitig meist nicht zu beziffernden Einsparungen und einer Steigerung der Unzufriedenheit im Unternehmen.

Der Abbau bürokratischer Hemmnisse, das Zulassen von Eigenverantwortung und Selbstbestimmung erhöhen die Dynamik und Eigeninitiative der Mitarbeiterinnen und Mitarbeiter. Vertrauen statt Bürokratie – ein Weg, der viele Türen öffnet.

Intensives Kontrollbedürfnis

Die Situation: Lange Entscheidungswege verlangsamen nicht nur Prozesse, sondern beeinträchtigen auch direkt die operative Handlungsfähigkeit von Mitarbeitern im Innen- und Außendienst. Die Ursache liegt nicht selten in einem ausgeprägten unternehmerischen Kontrollbedürfnis begründet. Dokumente, Entscheidungen, Pressemitteilungen: Alles muss über einen Schreibtisch gehen. In einer digitalisierten Welt ist dies der maximal denkbare Hemmschuh für Schnelligkeit im Unternehmen und ein klares Signal an die Belegschaft: „Wir vertrauen Ihnen nicht."

Fallbeispiel – Mangelnde Befugnisse der Instandhaltung[2]

Prosept GmbH stellt flüssige Produkte zur Reinigung von Tanks her. Der Prozess ist automatisiert und läuft im Dreischichtbetrieb. Vor einem Jahr hat das Unternehmen den Beschaffungsprozess optimiert. Alle Bestellungen dürfen nun ausschließlich durch die Beschaffungsabteilung erfolgen. Trotz der Einsparungen klagen fast alle Mitarbeiter über die restriktive Umsetzung und die nicht mehr vorhandene Flexibilität, etwas spontan im Büromarkt um die Ecke beschaffen zu können. Besonders hart trifft es aber die Abteilung „Instandhaltung". Wird an einem Freitag nach 14:30 Uhr ein Ersatzteil in einer Produktionsanlage benötigt, wird es schwierig (Abteilung Beschaffung ist nicht mehr vor Ort), und es kommt zum Befugnis-Paradoxon. „Bestelle ich das Ersatzteil eigenmächtig, verstoße ich gegen die Beschaffungsregeln. Bestelle oder besorge ich das Ersatzteil nicht, steht die Produktion, und ich werde am Montag sicher zum Rapport zur Standortleitung zitiert." Ein Dilemma, das die Hilflosigkeit und die Auswirkung von mangelnden Befugnissen und fehlendem Vertrauen aufzeigt. Die Lösung für den Mitarbeiter der Instandhaltung: Es werden unzählige Telefonate geführt, Vorgesetzte werden kontaktiert, um eine Freigabe, sprich eine Erlaubnis für die Beschaffung einzuholen. Ein immer wiederkehrender Ablauf. Das Resultat: Verärgerung allerorten, Demotivation, Unzufriedenheit und langsame Prozesse.

Weitreichende Befugnisse signalisieren Vertrauen, machen die Belegschaft handlungsfähig, beschleunigen alle Unternehmensprozesse und schaffen ein Umfeld, in dem Motivation ausgelebt werden kann. Ver-

---

[2] Die Fallbeschreibung enthält Erfahrungen aus zwei unterschiedlichen realen Unternehmensprojekten. Das Unternehmen Prosept GmbH ist aber fiktiv gewählt.

trauen in die Mitarbeiterinnen und Mitarbeiter führt zu einem „Speed-up der Prozesse" und stärkt die Effektivität jedes Einzelnen im Unternehmen.

Konflikte

Die Situation: Konflikte unter den Kollegen belasten nicht nur das Unternehmensklima, sondern behindern auch interne Abläufe. Dabei ist es nicht immer der teaminterne Konflikt, der die Prozesse ausbremst. Vielmehr sind es Konflikte zwischen Abteilungen, die in der Prozesskette aufeinander angewiesen sind. Mangelnder Austausch und fehlendes Vertrauen manifestieren sich in Äußerungen wie: „Dort wird keine Topleistung geliefert, und wir müssen es ausbaden!" Unzureichendes Verständnis und Unwissenheit über Kollegen und andere Teams können leicht zu Misstrauen werden. Prozesse und Arbeitsabläufe werden langsamer, Deadlines werden nicht eingehalten, und der gegenseitige Respekt wie auch die Kooperationsbereitschaft sinken.

Ein Horrorszenario für jede Organisation, dem nur durch eine gelebte Wertschätzungs- und Vertrauenskultur entgegengewirkt werden kann, unterstützt durch Maßnahmen, die voneinander getrennte Teams und Prozesse zusammenbringen.

Veränderungsprozesse scheitern

Die Situation: Veränderungsprozesse und IT-Prozesse werden mit viel Enthusiasmus gestartet, verzögern sich Tag um Tag, und die Betroffenen unterstützen den Implementierungsprozess nur sehr widerwillig. Einige Projekte scheitern sogar in Gänze. Scheiternde Veränderungs- und IT-Projekte sind (siehe Abschn. 1.3) ein deutliches Indiz für ein mangelndes Systemvertrauen. Unter den Top-10-Gründen gescheiterter Veränderungsprozesse befinden sich drei Aspekte, die einen direkten Zusammenhang zum Thema Vertrauen haben (siehe Abschn. 1.3).

Rechtfertigungsdruck und Verteidigung

Die Situation: In Unternehmen fällt immer wieder auf, dass die Kommunikation nicht wertschätzend und respektvoll abläuft. Genau hingehört erkennt man, dass die Fragen und Aussagen häufig anklagend oder vorverurteilend formuliert sind. Das Resultat ist ein hoher Anteil an Rechtfertigung und Verteidigung von Seiten der angesprochenen Person, oder anders gesagt: Eine nicht wertschätzende Kommunikation führt direkt dazu, dass Fragen und Aussagen als Angriff wahrgenommen werden und das innere Gefühl entsteht, sich rechtfertigen zu müssen. Dieser Rechtfertigungsdruck ist ein sicherer Indikator für eine wenig positive Kommunikation und führt zu Misstrauen, denn es stellt sich die Erkenntnis ein: „Wer einen ständig angreift, dem kann man doch nicht vertrauen."

» Widerstehen Sie dem inneren Zwang, sich verteidigen zu müssen.

Mitarbeiterinnen, Mitarbeiter und Führungskräfte sollten die Antworttendenz ihres Gegenübers in Richtung Rechtfertigung und Verteidigung wahrnehmen und sollten gegebenenfalls versuchen, ihren persönlichen Kommunikationsstil etwas wertschätzender und respektvoller zu gestalten. So entsteht in der Kollegenschaft und im Führungskontext die Basis für eine vertrauensvolle und gesunde Gesprächskultur. In Coaching-Sitzungen verwende ich gerne den Satz: „Widerstehen Sie dem inneren Zwang, sich zu verteidigen." Wenn man einen Angriff wahrnimmt oder vermutet, dann gilt es die Situation durch eine gezielte Nachfrage zu klären und eben nicht instinktiv in den Verteidigungsmodus zu stolpern.

Mangelnde Motivation
Die Situation: Viele reden in Unternehmen über mangelnde Motivation und überlegen, wie diese auf ein hohes Level gehoben werden kann. Dabei wird viel Geld in Führungskräfteseminare und Teamevents investiert, deren Erfolg durchaus übersichtlich ist – frei nach dem Motto „Wie motiviere ich mein Team?" Warum das Geld aus meiner Sicht nicht selten rausgeworfen ist?. Ich halte es mit Reinhard Sprenger und seiner These, dass man niemanden extrinsisch motivieren kann, sondern auf intrinsische Motivation setzen muss. Deshalb bin ich überzeugt, dass Kosten für die Mitarbeitermotivation zu einem Großteil eingespart werden könnten, wenn ein Unternehmen bereit wäre, auf Vertrauen als zentraler Bestandteil der Führungs- und Unternehmenskultur zu setzen. Motivation entsteht in einem solchen Umfeld automatisch. Sie lesen richtig: AUTOMATISCH! In einer durch Vertrauen geprägten Organisation entsteht ein Umfeld, in dem intrinsische Motivation ausgelebt werden kann, Be-

fugnisse geklärt sind und Entscheidungen schnell und mit hoher Verantwortung auf allen Ebenen getroffen werden. Mehr positives Umfeld, gepaart mit hoher emotionaler Bindung an die Organisation und die Führungskraft geht nicht.

1.6 Warum Vertrauen Unternehmen und Führungskräfte rettet

Vertrauen rettet Unternehmen – na ja … Ist das nicht etwas hoch gegriffen? Ich denke schon, aber es geht hier nicht um die Rettung von Unternehmen, die einer bevorstehenden Insolvenz ins Auge schauen müssen. Es geht hier um nicht weniger als **Effizienz, Prozessgeschwindigkeit, Zukunft und Wettbewerbsfähigkeit.** Die Herausforderungen und Schlüsselthemen für auch in Zukunft erfolgreich agierende Unternehmen und Führungskräfte sind:

- Change Management,
- Digitalisierung und erfolgreiche Durchführung von IT- und KI-Projekten,
- Einführung agiler Arbeitsmethoden,
- Entwicklung neuer digitaler Geschäftsmodelle,
- Werte und Unternehmenskultur,
- Prozessgeschwindigkeit, Effizienz und Kostenmanagement,
- Führung und Kommunikation,
- Personalgewinnung und Employer Branding,
- … und seit COVID-19 wissen wir: ein erfolgreiches Krisen- und Krisenkommunikationsmanagement.

Und ich glaube fest, dass VERTRAUEN auf alle, zumindest aber auf Teilaspekte all dieser Schlüsselthemen eine Antwort liefern kann. Veränderungsprozesse und IT-Projekte (z. B. Digitalisierung, KI, CRM) sind für jedes Unternehmen von essenzieller Bedeutung. Doch eines ist sicher: Die meisten IT-Projekte sind keine Technikprojekte, sondern Kulturprojekte. Und genau deshalb geht ohne Vertrauen in Veränderungsprozessen nur wenig. Ohne Vertrauen in das Projekt, in die Richtigkeit der gesetzten Projektziele und das Team ist eine erfolgreiche Projektimplementierung fast unmöglich. Es gilt Transparenz herzustellen, negative Konsequenzen zu benennen, Ängste wahrzunehmen, Hidden Agenda zu vermeiden und alle Absichten, die mit dem Projekt oder dem Veränderungsprozess verbunden sind, offen darzulegen. Und all diese Punkte sind Faktoren, die Vertrauen erzeugen (Schön 2020).

Für ein Unternehmen bedeutet **Agilität** die Fähigkeit, in einer hochdynamischen Wettbewerbsumgebung gewinnbringend zu operieren. Um die notwendige Geschwindigkeit in innerbetrieblichen Prozessen zu sichern, werden Hierarchien beseitigt und Entscheidungen auf operative Teams übertragen. Egal wie man zur Agilität steht, auch auf diesem Weg geht ohne Vertrauen nur wenig, denn Vertrauen ist die Voraussetzung für Prozessgeschwindigkeit, eigenverantwortliches Handeln und Entscheiden.

Die erfolgreiche Bewältigung der **Entwicklung digitaler Geschäftsmodelle** braucht eine maximale Aufmerksamkeit für den Markt, eine hohe Eigenverantwortung der Arbeits- und Entwicklerteams und schnelle Entscheidungsfindungsprozesse, die nicht durch Kontrollen, Hierarchien und Formalitäten behindert werden. Genau das liefert vorhandenes Vertrauen. In einer Vertrauenskultur braucht es keine Kontrollen. Das macht Prozesse schnell, effizient und senkt zudem Kosten. Mangelndes Vertrauen oder gar Misstrauen wirkt sich demgegenüber negativ auf die innerbetriebliche Beziehungsqualität aus, infiziert die innerbetrieblichen Schnittstellen und sorgt letztendlich dafür, dass selbst gut strukturierte Prozesse und Projekte nicht funktionieren und gleichzeitig Konflikte, Unzufriedenheit, Demotivation und die Entwicklung psychischer Belastungen am Arbeitsplatz zunehmen. Die Forderung nach einer vertrauensorientierten **Führungskultur** ist deshalb nicht romantischer Einwurf, sondern essenziell zur Schaffung einer wichtigen Grundlage für ein gemeinsames und abgestimmtes Handeln aller Mitarbeitergruppen im Unternehmen mit dem Ziel der Steigerung der Leistungsbereitschaft jedes Einzelnen, der Leistungsträger und der Leistungsfähigkeit der Prozesse. Und dies steigert als Nebenwirkung die Attraktivität des Unternehmens für zukünftige Mitarbeiterinnen und Mitarbeiter.

Die Relevanz des Themas „Vertrauen" zeigte sich auch am 06.05.2020 in der Pressekonferenz von **Bundeskanzlerin Angela Merkel** zum Thema COVID-19 nach dem Treffen mit den Ministerpräsidenten der Bundesländer. Die nachfolgenden Inhalte sind eine Abschrift des Videos, das der

Regierungssprecher Steffen Seibert (2020) in einem Tweet bei Twitter veröffentlichte:

Tweet von Regierungssprecher Steffen Seibert

„Kanzlerin #Merkel zur Frage des Vertrauens in Landkreise und Gesundheitsämter, die die #Corona-Maßnahmen regional kontrollieren: ‚Die ganze Bundesrepublik ist aufgebaut auf Vertrauen. Das gesamte Infektionsschutzgesetz ist ein Gesetz, was durch die Länder vollzogen wird, was von den örtlichen Gesundheitsämtern gemacht wird; die Tests finden vor Ort statt. Ich habe mir noch nie die Frage gestellt, ob ein Gesundheitsamt vielleicht die Zahl der Infizierten irgendwie nicht real wiedergibt. Das ist doch in unserem gemeinsamen Interesse, und wenn Sie nur noch der Zentrale vertrauen können und allen anderen in einem Land nicht, dann widerspricht das unserem Demokratieverständnis. Ich vertraue den Bürgerinnen und Bürgern. Vertrauen ist der Grundsatz, und dann muss man ab und zu mal kontrollieren – das ist klar. Wenn wir dieses Vertrauen nicht mehr haben, dass Landräte, Bürgermeister, Gesundheitsämter gut arbeiten, dann – ja, dann können wir einpacken. Das ist dann nicht unsere Bundesrepublik Deutschland'."

Das Thema „rettet" nicht nur Führungskräfte, Unternehmen und Organisationen, sondern ist auch in der Politik und für das erfolgreiche Handeln von Regierungen und staatlichen Behörden von großer Bedeutung.

Literatur

Bullinger, Angelika et al. (2013): Systemvertrauen als betriebliche Ressource Vertrauen messen – Instrumentarium & Fallstudien (Bd. 2). Aw&I Wissenschaft und Praxis, Chemnitz

Covey, Stephen M. R.; Merrill, Rebecca R. (2018): Schnelligkeit durch Vertrauen. 7. Auflage, Gabal Verlag GmbH, Offenbach

Fechtner, Harri (2013): Vertrauenskompetenz als Ressource für Veränderungen in Zeiten von Agilität und Digitalisierung (Teil 1/3). Institut für Management und Organisation (IMO), Bochum. Download am 27.1.2020 unter: https://www.imo-bochum.de

Goldman, Steven L.; Nagel, Roger L. (1996): *Agil im Wettbewerb: Die Strategie der virtuellen Organisation zum Nutzen des Kunde.* Springer Verlag, Berlin/ Heidelberg

Grimm, Robert (2018): Pressemitteilung zur Studie: Vertrauen, Populismus und Politikverdrossenheit. Ipsos Public Affairs. Hamburg. Download am 27.2.2020 unter: https://www.ipsos.com

Hildebrand, Ellie (2015): Top 5 Reasons CRM projects fail. Download am 27.2.2020 unter: https://www.skuid.com/blog/top-5-reasons-crm-projects-fail

Kals, Ursula (2017): Glückwunsch zum Fehler des Monats. aus: Frankfurter Allgemeine Zeitung vom 15.04.2017, Download am 27.1.2020 unter: https://www.faz.net/suche/?query=Glückwunsch+zum+Fehler+des+Monats

Kreps, David (1990): Corporate culture and economic theory, in perspectives on positive political economy. Cambridge Press

Kriegesmann, Bernd; Kley Thomas; Lücke, Christina (2013): Vertrauensorientiertes Changemanagement. Herausgeber: IAI e.V. der Ruhr-Universität Bochum. Download am 29.2.2020 unter: https://www.iai-bochum.de

Krüdener, Stephan (2020): Private Konversation

Kruse, Peter (2008): Peter Kruse über Veränderungsmanagement – ein Videobeitrag. Download von YouTube am 27.1.2020 unter: https://www.youtube.com/watch?v=FLFyoT7SJFs

Nink, Marco (2013): Engagement Index Deutschland 2012. Präsentation anlässlich eines Pressegespräches am 6.3.2013, Download am 27.1.2020 unter: https://www.gallup.de/Gallup-Engagement-Index-2012.pdf

Nink, Marco (2016): Engagement Index Deutschland 2015. Präsentation anlässlich eines Pressegespräches am 22.3.2016, Download am 27.1.2020 unter: https://www.steauf.de/wp-content/uploads/2017/11/Gallup-Engagement-Index-2016.pdf

Nink, Marco (2019): Engagement Index Deutschland 2018. Pressemitteilung der Gallup GmbH, Download am 27.1.2020 unter: https://www.gallup.de

Schön, Wolfram (2018): Gefährdung beurteilen: Pflicht oder Kür. CNE Pflegemanagement 04-2018, Verbandsorgan des Bundesverbandes Pflegemanagement, Thieme Verlag, Heidelberg

Schön, Wolfram (2020): Vertrauensorientiertes Projektmanagement. Springer Gabler Verlag, Wiesbaden/Heidelberg

Schön, Wolfram (2020): Mit Vertrauen CRM- und Change-Projekte zum Erfolg führen. Projektmagazin, Ausgabe 13/2020, Berleb Media GmbH, Taufkirchen

Seibert, Steffen (2020): Vertrauen in Landkreise und Gesundheitsämter. Tweet von Steffen Seibert, Regierungssprecher der deutschen Bundesregierung. Download am 27.1.2020 unter: https://twitter.com/RegSprecher/status/1258068543712698368?s=20

2

Vertrauen – ein Versuch der Annäherung

Zusammenfassung Vertrauen ist etwas, das alle Lebensbereiche durchdringt und stets positiv behaftet ist. Es ist eine wichtige Grundlage für das Zusammenleben und die menschliche Interaktion in unterschiedlichen Handlungs-, Akteurs- und Beziehungskontexten. Vertrauen ist eine Grundvoraussetzung für die erfolgreiche Gestaltung sozialer Kontakte in jedem auch nur erdenklichen Kontext. Das Ausmaß des gegenseitigen Vertrauens ist in jeder Geschäftsbeziehung ein Indikator für deren Qualität.

In diesem Kapitel versucht der Autor eine Annäherung an die Begrifflichkeit des Vertrauens und geht dabei auch auf das Thema Urvertrauen und die unterschiedlichen Arten von Vertrauens ein. Dabei wird deutlich, wie facettenreich verschiedene wissenschaftliche Disziplinen den Vertrauensbegriff auslegen. Er selbst präsentiert „als Essenz" eine eigene Definition, die sich auf interaktionistische und verhaltensorientierte Ansätze bezieht.

2.1   Annäherung an etwas „Fragiles"

Vertrauen ist etwas, das jeder kennt und jeder schätzt. Man kann es nicht kaufen, man bekommt es geschenkt. Doch hier bedeutet „geschenkt" nicht umsonst – Vertrauen will erarbeitet und verdient werden.

Vertrauen ist die große Bekannte und zugleich die große Unbekannte. Vertrauen wird zumeist mit „jemanden für zuverlässig halten" in Verbindung gebracht oder als Indikator für die Qualität einer Beziehung gesehen. Klar ist aber immer, dass „dem Vertrauen eine entscheidende Rolle für die Entwicklung und das Gelingen zwischenmenschlicher Interaktion zukommt" (Kassebaum 2004).

Sowohl Führungskräfte als auch Mitarbeiterinnen und Mitarbeiter sind auf Nachfrage stets einhellig der Meinung, dass Vertrauen unabdingbar im Unternehmen und natürlich auch privat ist. Dennoch tut sich fast jeder schwer mit einer klaren Definition und dem eindeutigen Benennen von Aspekten, die Vertrauen entstehen lassen. Gerne zitiere ich hier Rudi Schmiede (2013): „In Zeiten zunehmend komplexer und vernetzter Arbeitszusammenhänge erhält Vertrauen neue Aufmerksamkeit, da es unterschiedliche positive Effekte auf Arbeitsproduktivität oder Innovationskraft haben kann. Allerdings besteht weiterhin Klärungsbedarf, wie Vertrauen in der Praxis entsteht, in welchen Zusammenhängen es wirkt und wie bedeutsam es als harter Wirtschaftsfaktor ist." Die ökonomische Bedeutung als „harter" Wirtschaftsfaktor wurde in Kap. 1 geklärt. Doch was ist Vertrauen eigentlich und wie entsteht es?

Der Vertrauensbegriff wird in der Literatur sehr facettenreich beschrieben und unterliegt drei verschiedenen theoretisch-wissenschaftlichen Perspektiven (siehe Abschn. 2.2). Grundsätzlich lässt sich festhalten, dass Vertrauen als Beziehungsphänomen zwischen spezifischen Organisationen oder Personen konzipiert ist. Vertrauen stärkt die Bindung, erzeugt Harmonie und Einigkeit und ist damit wichtige Grundlage gemeinsamen und abgestimmten Handelns – im privaten wie im unternehmerischen Kontext. Gefragt nach den Assoziationen zu dem Begriff „Vertrauen", wurden in meinen Gesprächen mit Freunden und Geschäftspartnern folgende Stichwörter genannt:

- Wahrhaftigkeit und Wahrheit
- keine Übervorteilung
- auf Augenhöhe
- jemanden gut kennen
- Erfüllte Erwartungen stärken das Vertrauen.
- Grundlage für gute Zusammenarbeit
- Urvertrauen

- Redlichkeit
- Wertschätzung
- Interesse und Zeit haben
- Verpflichtungen nachkommen
- Es kommt auf das Handeln an!
- Vertrauen gibt Sicherheit
- gemeinsames Interesse

Vertrauen ist etwas, das alle Lebensbereiche durchdringt und stets positiv behaftet ist. Es ist eine wichtige Grundlage für das Zusammenleben und die menschliche Interaktion in unterschiedlichen Handlungs-, Akteurs- und Beziehungskontexten. Vertrauen ist eine zentrale Voraussetzung für die erfolgreiche Gestaltung sozialer Kontakte in jedem auch nur erdenklichen Kontext.

2.2 Begrifflichkeit und wissenschaftliche Aspekte

Psychologisch betrachtet hatte das Thema Vertrauen lange eine eher nachgeordnete Bedeutung. Die Monografie des Psychologen Prof. Franz Petermann (2013) näherte sich dem Begriff wissenschaftlich, wobei er auf die zwischenmenschlichen Aspekte von Vertrauen und den Prozessen der Vertrauensbildung fokussierte. Der Titel seines lesenswerten Buches: „Psychologie des Vertrauens".

Petermann schreibt in seinem Vorwort sehr treffend: „In den letzten Jahren ist wohl selten ein Wort so überstrapaziert worden wie der Begriff Vertrauen. Die Klärung des Ausdrucks Vertrauen wird erheblich erschwert durch die Ausweitung des Bedeutungsfeldes auf alle nur denkbaren Gebiete. Man soll Vertrauen in die Zukunft, zu Parteien, in Produkte des alltäglichen Gebrauchs haben, selbst Glaubensgemeinschaften werben mit der Etikette Vertrauen. Vertrauen bedeutet, auf etwas zu hoffen und dadurch Unsicherheit abzubauen. Mit Vertrauen will man das Risikohafte und Unkalkulierbare der aktuellen Situation in den Griff bekommen. Die Bedeutung des Phänomens Vertrauen spiegelt sich auch darin wider, dass sich sehr unterschiedliche Wissenschaften, wie die Soziologie, die Betriebswirtschaft, speziell der Bereich Marketing, die Medizin, die Neurowissenschaften und die Psychologie, mit dem Begriff beschäftigen."

Christoph Clases und Theo Wehner (2019) schreiben in ihrem Essay aus dem Jahr 2019: „Vertrauen ist zukunftsbezogen und beruht zugleich auf Erfahrungen in der Vergangenheit. Vertrauen hat mit Vagheit und eingeschränkter Antizipierbarkeit der Praxis und des Verhaltens des anderen zu tun. Vertrauen beinhaltet – durch den Verzicht auf Kontrolle – individuelle Verletzbarkeit. Vertrauen ist ein Zustand zwischen Wissen und Nichtwissen: Jemand, dem alle relevanten Umstände seines Handelns bekannt sind, braucht man nicht zu vertrauen. Vertrauen impliziert eine risikoreiche Wahl, wobei das Risiko darin liegt, bei enttäuschtem Vertrauen plötzlich negative Konsequenzen tragen zu müssen."

Vertrauen beinhaltet demnach das Risiko enttäuschter Erwartungen und in der Folge enttäuschten Vertrauens. Vertrauen steht sozusagen unter Missbrauchsvorbehalt. Das macht es vielen Menschen so schwer, Vertrauen zu geben, denn die Angst bzw. das gefühlte Risiko, enttäuscht zu werden, ist stärker ausgeprägt als die Zuversicht auf die möglichen positiven Folgen für die bilaterale Interaktion. Hierbei kann sowohl Person-Person-, Person-Organisation- als auch Organisation-Organisation-Interaktion ablaufen; entsprechend kann sich Vertrauen auch genau auf diesen Ebenen entwickeln.

Niels Birbaumer definiert in einem Interview mit K. P. Simon (Simon und Weiss 2017) in GEO Wissen den Begriff wie folgt: „Vertrauen ist ein Gefühl, das Bindung stärkt, Harmonie und Einigkeit schafft. Es ist durchaus ein Schatz, denn es ermöglicht dem Einzelnen, stärker zu sein, als er es alleine wäre. Vertrauen führt Menschen zusammen. Aber: Wer vertraut, der entscheidet sich bewusst dafür, sich verletzbar zu machen." Er erläutert weiter: „Doch es (Vertrauen) ist nur notwendig, entsteht also nur dann, wenn Informationen über die Absichten und Möglichkeiten des Gegenübers fehlen. Der Vertrauende gibt Kontrolle ab, er hat keinen Einfluss auf das, was passiert. Er kann nur annehmen, dass alles in seinem Sinne geschieht."

McAllister (1995) definiert zwischenmenschliches Vertrauen als das Ausmaß, in dem eine Person Vertrauen in die Worte, Handlungen und

Entscheidungen einer anderen Person hat und bereit ist, auf deren Grundlage zu handeln.

Auch Simmel (SIM-1968) setzt in seiner Definition den Fokus auf zukünftiges Verhalten und daraus abgeleitetes eigenes Handeln: „Vertrauen, als Hypothese künftigen Verhaltens, die sicher genug ist, um praktisches Handeln darauf zu gründen, ist als Hypothese ein mittlerer Zustand zwischen Wissen und Nichtwissen. Der völlig Wissende braucht nicht zu vertrauen, der völlig Nichtwissende kann vernünftigerweise nicht einmal vertrauen."

Andere Autoren rücken den Aspekt der „Erwartungen" stark in den Mittelpunkt der Begrifflichkeit. Rousseau (Rousseau et al. 1998) versucht in seiner interdisziplinären Definition gleichzeitig unterschiedliche Sichtweisen mit dem Begriff „Vertrauen" zu fassen. Er beschreibt Vertrauen als einen psychologischen Zustand, der die Absicht vergleicht, Verletzlichkeit zu akzeptieren bei gleichzeitig positiver Erwartung der Intentionen und des Verhaltens anderer. Dabei hebt er den Verzicht hervor, die andere Partei zu überwachen oder zu kontrollieren. Diese Definition ist aus meiner Sicht durchaus zielführend, da sie die Aspekte des psychologischen Empfindens der positiven Erwartungshaltung, der subjektiven Sicherheit und das Risiko des Missbrauchs (Verletzbarkeit) impliziert.

Rotter (1967) nimmt an, dass angekündigte und eingehaltene Versprechungen und auch Drohungen Glaubwürdigkeit entstehen lassen. Diese Auffassung unterstützt den Ansatz, dass der Aufbau von Vertrauen auf Erfahrungen mit dem jeweiligen Partner in Bezug auf „Gesagtes/Angekündigtes" und „Erfülltes" fußt.

Was haben wir bis hierher in der Hand? Eine Zwischenbilanz
Vertrauen …

- bedeutet, auf etwas zu hoffen und dadurch Unsicherheit abzubauen (Petermann 2013).
- ist zukunftsbezogen und beruht zugleich auf Erfahrungen in der Vergangenheit (Clases und Wehner 2019).
- hat mit Vagheit und eingeschränkter Antizipierbarkeit in Bezug auf das Verhalten anderer zu tun (Clases und Wehner 2019).

- ist ein Gefühl, das Bindung stärkt, Harmonie und Einigkeit schafft (Birbaumer und Wertheimer 2017).
- steht unter Missbrauchsvorbehalt (Clases und Wehner 2019).
- dient als Hypothese künftigen Verhaltens, die sicher genug ist, um praktisches Handeln darauf zu gründen (Simmel 1968).
- ist ein psychologischer Zustand, der aufgrund der positiven Erwartung der Intentionen oder des Verhaltens anderer Verletzlichkeit akzeptiert (Rousseau et al. 1998).
- Zwischenmenschliches Vertrauen hängt von Lern- und Verhaltenserfahrungen mit einer anderen Person ab (Rotter 1967).

Aus dem Gesagten und dieser ersten Zusammenfassung wird klar, was Vertrauen ist und welche Aspekte die Vertrauensbildung zu einer Person oder Organisation begünstigen:

- Vertrauen beschreibt die Beziehungsqualität zu Personen und Organisationen.
- Vertrauen gründet auf positiven Verhaltenserfahrungen.
- Vergangenheitserfahrungen (positive und negative) bilden die Basis für die Hypothese zukünftigen vertrauenswürdigen Verhaltens.
- Vertrauen ist eine in die Zukunft gerichtete positive Erwartungshaltung.
- Vertrauen baut auf Zuversicht.
- Vertrauen entsteht nur in der Interaktion handlungsfähiger Personen.
- Voraussetzung für Vertrauen ist der allgemeine Verzicht auf Kontrolle.
- Vertrauen steht unter dem Vorbehalt des Missbrauchs.
- Missbrauchsvorbehalt macht Vertrauen erst so unendlich kraftvoll.

Vertrauensbegriffe und Ansätze
Wie erläutert, wird der Vertrauensbegriff in unterschiedlichen wissenschaftlichen Disziplinen durchaus breit und facettenreich beschrieben. In den 1990er-Jahren entwickelte sich die managementtheoretische Auseinandersetzung mit dem Begriff. Aufgrund der betriebswirtschaftlichen Perspektive dieser Diskussion wurde der Vertrauensbegriff als „Beziehungsphänomen" neben dem persönlichen und zwischenmenschlichen Vertrauen um das Systemvertrauen, d. h. Vertrauen in Bezug auf und zwischen Organisationen, erweitert. In dieser Phase wurde die Begriff-

lichkeit „Vertrauen" in Vertrauensbereitschaft, Vertrauenswürdigkeit und Vertrauen weiter präzisiert.

Vertrauensbereitschaft beschreibt die grundsätzliche Einstellung zum Thema Vertrauen und die persönliche Bereitschaft, anderen Menschen oder Organisationen Vertrauen zu schenken. Die Vertrauensbereitschaft hat Wurzeln in der kindlichen Entwicklung und ist deshalb eng mit dem Thema „Urvertrauen" (siehe Abschn. 2.3) verknüpft. Luhmann (2014) schreibt in Bezug auf die Vertrauensbereitschaft: „Selbstsicherheit ist eine Bedingung für Vertrauensbereitschaft, weil Vertrauen auf einer inneren Sicherheit gründet." Diese innere Sicherheit beruht auf positiven Erfahrungen mit der eigenen Person. Unterstützend wirken Vertrauenserfahrungen mit anderen Menschen bzw. Organisationen und die persönliche psychische Stabilität (Resilienz) im Umgang mit Vertrauensmissbrauch.

Vertrauenswürdigkeit bezieht sich auf die Einschätzung bezüglich einer Person, Gruppe oder Organisation und beantwortet die Frage, ob diese Person entgegengebrachtes Vertrauen rechtfertigt bzw. in der Zukunft rechtfertigen wird. Im yogischen Kontext ist Vertrauenswürdigkeit eine Eigenschaft und Tugend. Die Plattform „Wiki.yoga-vidya.de" (BRE-2019) schreibt: „Vertrauenswürdigkeit heißt, sich so zu verhalten, dass andere einem vertrauen können. Vertrauenswürdigkeit beinhaltet Verantwortungsbewusstsein und Zuverlässigkeit; eine Aufgabe zu erfüllen, beinhaltet, Geheimnisse für sich behalten zu können und seinen Worten Taten folgen zu lassen. Dazu ein offenes Ohr und offenes Herz – dies ist die Basis, um Vertrauen zu verdienen und damit vertrauenswürdig zu sein."

Vertrauen wird im betriebswirtschaftlichen und organisationspsychologischen Kontext als positive Erwartungshaltung beschrieben, die sich auf folgende zwei Aspekte bezieht:

a) Vertrauen in die Kompetenz („competence trust") und
b) Vertrauen in die Handlungen des Interaktionspartners („goodwill trust").

a) Competence Trust
   Kompetenz oder „competence trust" ist ein wichtiger Faktor in der Vertrauensbildung gegenüber einem Menschen. Beispiele sind das

Vertrauen in die Fähigkeiten eines Arztes, eine Operation gut aus-
zuführen, oder in die Fähigkeiten eines Mitarbeiters oder einer
Mitarbeiterin, eine gegebene Aufgabe fachlich und technisch qualitativ hochwertig zu erledigen. Als gute Führungskraft sollte man die
Kompetenzprofile der einzelnen Teammitglieder kennen und sie entsprechend führen. In einer Fußballmannschaft führt die Kombination
aus gegnerischen Kompetenzen und Erwartungen, eigener Taktik
und dem Stärkenprofil der eigenen Spieler zu einer immer neuen
Aufstellung der Spieler, denen der Trainer vertraut. Bei Ärzten, Piloten
und anderen Personen, denen man sich anvertraut, ist die Abschätzung
der Kompetenz und die Bewertung von Leistungsrisiken (Das und
Teng 2001) deutlich schwieriger, wenn nicht sogar unmöglich. Hier
gilt es auf andere Aspekte zurückzugreifen, zum Beispiel auf
Erfahrungen mit der Organisation oder dem Unternehmensbrand
(Pilot und Lufthansa) der betreffenden Person oder Berufsgruppe.
Das Krankenhaus hat einen guten Ruf in der Geburtshilfe. Die
Fluggesellschaft hat den Ruf, die Mitarbeiter gewissenhaft auszusu-
chen und durch kontinuierliche Fortbildungen und Praxistests ein
hohes Kompetenzniveau des Flug- sowie des Wartungspersonals si-
cherzustellen. So überträgt sich die Kompetenz der Organisation auf
die Kompetenzanmutung in Bezug auf eine reale Person.
b) Goodwill Trust
Beim „goodwill trust" gründet das Vertrauen auf der Annahme, dass
der Interaktionspartner eigene – abseits der verlautbarten – Interessen
und Geschäftsmöglichkeiten zurückstellt. Letztendlich besteht hier
für den Vertrauenden die Herausforderung in der Abschätzung der
Ehrlichkeit und der Glaubwürdigkeit der Interaktionspartner, sprich
in der Abschätzung der Beziehung bzw. des Beziehungsrisikos (Das
und Teng 2001). Wichtige implizite und explizite Indikatoren für
diese Abschätzung sind persönliche Vergangenheitserfahrungen.

Um einen möglichst umfänglichen Überblick zu vermitteln, möchte
ich abschließend drei weitere interessante theoretische Ansätze beleuchten:

• kalkulatorischer Ansatz

* persönlichkeitsorientierter Ansatz
* interaktionistischer, verhaltensorientierter Ansatz

Kalkulatorische Ansätze betrachten die Vertrauensentscheidung als eine rein rationale Entscheidung (Coleman 1991). Dabei werden die Vertrauensentscheidung und die Entscheidung für eine der möglichen Handlungsalternativen rein opportunistisch in Bezug auf die Kosten und den zu erwartenden Nutzen betrachtet. James Coleman entwickelte 1991 eine Formel, die die Vertrauensgewährung mathematisch beschreibt. Wenn das Produkt aus Gewinn und Gewinnwahrscheinlichkeit das Produkt aus Verlust und Verlustwahrscheinlichkeit übersteigt, wird Vertrauen gewährt.

$$p \times G > (1-p) \times L$$

$$p = \text{Gewinnwahrscheinlichkeit (Gewinnchance)}$$
$$G = \text{Gewinn}$$
$$(1-p) = \text{Verlustwahrscheinlichkeit}$$
$$L = \text{Verlust}$$

Dieser Ansatz nutzt Grundgedanken des „Homo oeconomicus": Die Entscheidung wird ausschließlich auf Basis der Nutzenmaximierung vorgenommen. Auch enthält der Ansatz Aspekte der Spieltheorie (Kreps 1990).

Persönlichkeitsorientierte Ansätze. Die psychologische Literatur beschäftigt sich demgegenüber eher mit persönlichkeitsorientierten Ansätzen. Dabei spielt die Vertrauensbereitschaft, die nach Erikson (ERI-1950) bereits in der frühkindlichen Entwicklung begründet liegt (Stichwort Urvertrauen), eine wichtige Rolle für die Entwicklung vertrauensvollen Verhaltens. Ein weiterer Vertreter dieses Ansatzes ist Julian Rotter. Er (Rotter 1967) nimmt an, dass sowohl angekündigte als auch eingehaltene Versprechungen zur Glaubwürdigkeit eines Partners beitragen und sich dadurch Vertrauen aufbaut. Es geht dementsprechend in der Vertrauensentscheidung zum einen um die Vertrauensbereitschaft und zum anderen um die Vertrauenswürdigkeit des Partners. Die Vertrauensbereitschaft kann teilweise auch in der Persönlichkeit bzw. im individuellen Persönlichkeitsprofil verankert sein. Nach dem Persolog-DISG-Profil (Seiwert und Gay 2017) lassen sich Menschen entsprechend vier verschiedener Verhaltenstendenzen gruppieren. Menschen mit eher dominantem Verhaltensstil tendieren dazu, ihr Umfeld zu kontrollieren bzw. Kontrollmechanismen zu etablieren. Dies wirkt auf andere Persönlichkeitstypen demotivierend und vermindert die Vertrauensbereitschaft. Im schlimmsten Falle löst das Kontrollstreben Frustration, Aggression und inneren Widerstand gegenüber der kontrollierenden, misstrauenden Person aus.

Interaktionistische, verhaltensorientierte Ansätze. Der interaktionistische, verhaltensorientierte Ansatz sieht als Basis für die Entstehung von Vertrauen die Dynamik der Interaktion. Es kommt in der Vertrauensbildung wesentlich auf die Beziehung, das Verhalten und die Umweltbedingungen an. Peter Eberl (2004) lieferte dazu die Attributionstheorie. Bestimmte Attribute, sprich Ursachen für Handlungen, werden als Indikatoren und Indizien verwendet, um die Vertrauensentscheidung zu begründen. Krumboltz und Potter (1980) entwickelten gar eine Verhaltensliste für Ärzte. Die in der Liste genannten Verhaltensweisen sollten in der Arzt-Patienten-Beziehung vertrauensbildend wirken.

Zusammenfassung

Die Begrifflichkeit „VERTRAUEN" ist als Definition schwer zu fassen, und auch die Literatur hat, aufgrund der unterschiedlichen wissenschaftlichen Perspektiven, durchaus Probleme mit einer eindeutigen Begriffsdefinition. Dennoch möchte ich im Folgenden zwei Definitionen wiedergeben. Zum einen die Beschreibung des Wesens von Vertrauen oder wie es Udo Winand (2020) nennt: die „Konzeptualisierung". Er schreibt: „Die hier benutzte Konzeptualisierung resultiert aus der Verbindung der Definitionen von Schweer (1996) und Luhmann (2014)":

» „Vertrauen ist eine soziale Grunddisposition gegenüber anderen Menschen oder Institutionen mit individuell und situativ unterschiedlicher und beeinflussbarer Ausprägung. Vertrauen befähigt, die Komplexität, Kontingenz,

Ungewissheit menschlichen (und organisationalen) Handelns zu mindern, und stärkt so die Handlungsfähigkeit." - (Prof. Dr. Udo Winand)

Zum anderen möchte ich eine eher „alltagstaugliche" Definition in die Diskussion einbringen. Diese bezieht sich auf interaktionistische und verhaltensorientierte Ansätze.

》Vertrauen ist die Zuversicht, dass ein anderer berechenbar im gemeinsamen Interesse handelt.

Diese Beschreibung/Definition enthält sowohl die Interaktion zwischen unterschiedlichen Partnern (der andere) als auch den gut greifbaren Aspekt des „gemeinsamen Interesses". Die Partner haben ein gemeinsames Interesse, stehen auf der gleichen Seite, verfolgen dieselben oder zumindest nicht konkurrierende Ziele. Die Beschreibung enthält auch den wichtigen Punkt der „Berechenbarkeit" und bringt damit das psychische Grundbedürfnis der Sicherheit in die Definition ein. Das Wort „Zuversicht" steuert den Aspekt der Ungewissheit in einer positiven Ausprägung bei. Dennoch kann diese Zuversicht auch eben nicht erfüllt werden, denn Vertrauen steht immer auch unter „Missbrauchsvorbehalt", eine Tatsache, die es vielen Menschen schwer macht, zu vertrauen. Die Interaktion kann zwischen Personen, Organisationen, Unternehmen, Parteien und auch dem Staat stattfinden. Selbst unser Wirtschaftssystem, die soziale Marktwirtschaft, hat sich in diesem Sinne zu beweisen. Wenn Bürger das Gefühl haben, dass sich die Balance der beiden Komponenten „sozialer Ausgleich" und „Freiheit der Märkte" zuungunsten der Komponente „sozialer Ausgleich" verschieben, handeln die Wirtschaft und die Arbeitnehmerschaft nicht mehr im gemeinsamen Interesse – eine Vertrauenskrise ist die mögliche und dann auch schwerwiegende Folge.

2.3   Arten des Vertrauens

In der Literatur finden sich unterschiedliche Ansätze über den Prozess der Vertrauensbildung, gerade in Unternehmen. Vertrauen entsteht in einer Interaktion zweier Parteien: zum einen die Partei, die als Vertrauensgeber, zum andern die Partei, die als Vertrauensnehmer agiert. Nachfolgend das 4-Quadranten-Modell von Larissa Greschuchna (2006), welches die vier Arten des Vertrauens aus den vier verschiedenen Kombinationen von Vertrauensgebern und Vertrauensnehmern ableitet (siehe Abb. 2.1).

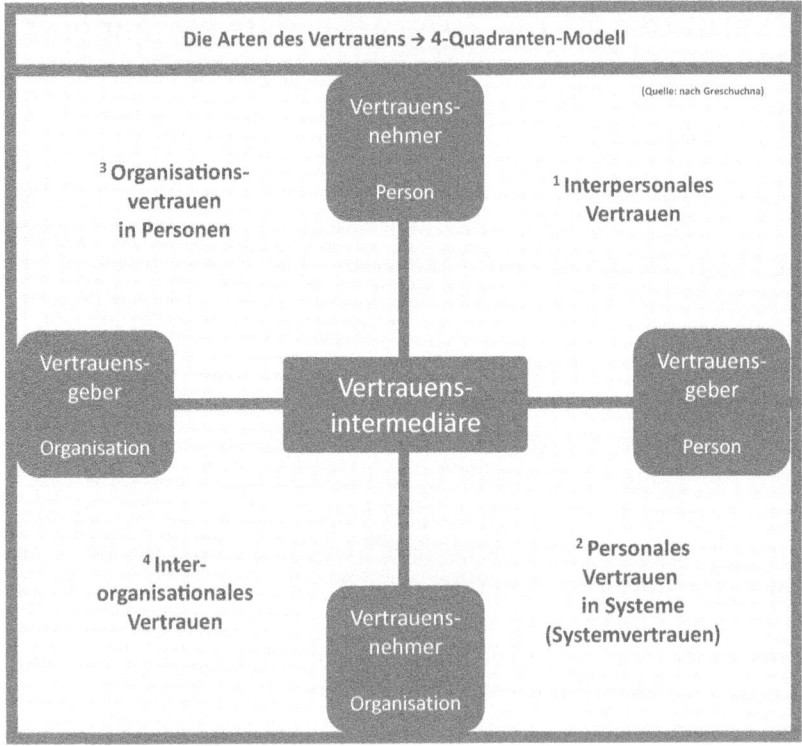

Abb. 2.1   Vier Arten des Vertrauens, dargestellt als 4-Quadranten-Modell. (Adaptiert nach Greschuchna 2006; mit freundlicher Genehmigung von © Deutscher Universitäts-Verlag | GWV Fachverlage GmbH, Wiesbaden 2006. All Rights Reserved.)

1. Interpersonales Vertrauen

Das interpersonale Vertrauen bezieht sich auf die Interaktion einer vertrauensgebenden Person und einer vertrauensnehmenden Person. Dies können Kollegen sein, aber auch Personen aus der Geschäftsleitung eines Unternehmens. Die Geschäftsleitung (GL) – der CEO, die Chefin, der Chef – steht immer unter besonderer Beobachtung der Mitarbeiterschaft, aber auch im Fokus der Öffentlichkeit. Ihr Verhalten erzeugt Wirkung in beiden Aspekten der Vertrauensbildung. Zum einen zahlt ihr Verhalten auf das Systemvertrauen ein, zum anderen entsteht Wirkung in Bezug auf das persönliche, interpersonale Vertrauen. Bullinger et al. (2013) haben in einer Studie zum Systemvertrauen eine Hypothesenprüfung vorgenommen, in der folgende Aussagen zum interpersonalen Vertrauen Bestätigung fanden:

- Vertrauen in einem Team ist umso größer, desto positiver die Vorgesetzten-Mitarbeiterbeziehung ist.
- Vertrauen ist umso größer, desto besser und umfassender die Kommunikation in einem Team ist.
- Vertrauen ist umso größer, desto konstruktiver die Kooperation in einem Team ist.
- Vertrauen ist umso größer, desto umfassender und stärker die Partizipationsmöglichkeiten in einem Team sind.
- Vertrauen in einem Team ist umso größer, desto stärker die Unternehmenskultur in einem Team gelebt wird.

2. System- oder Organisationsvertrauen

Das Systemvertrauen oder auch „personales Vertrauen in Systeme" bezieht sich auf das Unternehmen und die in der Geschäftsleitung handelnden Personen. Der Vertrauensgeber „Person" gewährt dem Vertrauensnehmer „Organisation" Vertrauen. Wenzel (2019) beschreibt das Systemvertrauen wie folgt: „Systemvertrauen heißt Vertrauen gegenüber abstrakten Funktionssystemen und ist für Luhmann eine Form reflexiven Vertrauens, da soziale Funktionssysteme in der Regel soziale Beziehungen zu einem geringen Publikum nicht auf persönliche, emotionale Bindungen aufbauen, aber für die Bewältigung der Kontingenz einer komplexen Welt trotzdem Vertrauen brauchen." Das Systemvertrauen bezieht sich zum Beispiel auf das Wirken des Unternehmens, aber auch auf Aktivitäten, wie die Durchführung von Mitarbeiterbefragungen. Systemvertrauen speist sich sowohl aus den Handlungen der Organisation als Funktionssystem als auch aus interpersonalen Aspekten. Auf der Basis des Verhaltensmusters, der getroffenen Entscheidungen und des gelebten Kommunikationsstils der Geschäftsleitung wird auf das Gesamtunternehmen und damit auf das Systemvertrauen abstrahiert.

In der oben genannten Studie (Bullinger et al. 2013) wurde auch ein Hypothesencheck in Bezug auf das intraorganisationales Vertrauen durchgeführt. Folgende Aussagen konnten durch das Forscherteam der Technischen Universität Chemnitz bestätigt werden:

- Vertrauen ist umso größer, desto kompetenter und integrer die Führung eines Unternehmens ist.
- Vertrauen ist umso größer, desto besser und umfassender die Kommunikation in einem Team ist.
- Vertrauen ist umso größer, desto konstruktiver die Kooperation in einem Team ist.
- Vertrauen ist umso größer, desto umfassender und stärker die Partizipationsmöglichkeiten in einem Team sind.
- Vertrauen in einem Team ist umso größer, desto stärker die Unternehmenskultur in einem Team gelebt wird.

3. **Organisationsvertrauen in Personen**

Diese Art des Vertrauens bezieht sich auf die Interaktion zwischen der Organisation als vertrauensgebende Partei und einer vertrauensnehmenden Person. In Unternehmen wird das Organisationsvertrauen in Personen aktuell diskutiert: Dabei geht es um die Frage, ob die Unternehmen darauf vertrauen, dass die Belegschaft in der Lage ist, die Digitalisierung erfolgreich zu bewältigen und entsprechende Fähigkeiten aufzubauen. Die Überschrift der etventure-Studie (Depiereux 2019) zum Thema lautet: „Deutschen Großunternehmen fehlt das Vertrauen in die eigenen Mitarbeiter für die digitale Transformation".

4. **Interorganisationales Vertrauen**

Diese Art des Vertrauens bezieht sich auf die Interaktion zwischen zwei Organisationen. Auch diese Art des Vertrauens wird selbstredend durch die für ein Unternehmen handelnden und wirkenden Personen beeinflusst und enthält deshalb auch interpersonale Anteile.

2.4   Urvertrauen

Der Begriff „Urvertrauen" geht auf Erik H. Erikson (1950) zurück und beschreibt „das Gefühl des Sich-verlassen-Dürfens". Urvertrauen entsteht in der pränatalen Phase und manifestiert sich weiter in den ersten Lebensjahren. Es hat eine große Wirkung auf die spätere Fähigkeit, sich selbst zu vertrauen und auf andere vertrauenswürdig zu wirken. Auch die Bereitschaft, anderen zu vertrauen, wird bereits in früher Kindheit geprägt.

> **»** „Es ist wichtig, dass Vertrauen bereits in frühester Kindheit in unsverankert wird, weil es uns Flügel verleiht." - Niels Birbaumer (österreichischer Psychologe und Neurowissenschaftler)

Durch erlebte positive Erfahrungen mit Vertrauen und dem „Sich-verlassen-Können" entsteht eine positive Einstellung zum Thema Vertrauen, und eine Vertrauensreserve entwickelt sich, wie es Gertrud Höhler (2003) beschreibt. Diese Vertrauensreserve fördert das „Sich-selbst-vertrauen-Können" und die Bereitschaft, anderen Vertrauen zu schenken.

Doch ist der Zug bei einer wenig vertrauensvollen Sozialisation abgefahren? Nein, denn emotionales Lernen ist möglich. Auch nach negativen Erfahrungen in der Kindheit kann im Erwachsenenalter eine positive Einstellung zum Thema Vertrauen und die Fähigkeit, sich und anderen zu vertrauen, entwickelt werden.

Der Freud-Schüler Erik H. Erikson (1950) führte in den fünfziger Jahren des vergangenen Jahrhunderts den Begriff „basic trust" ein. Dabei ist das Urvertrauen bzw. dessen Entwicklung der erste Schritt in einem achtstufigen Entwicklungsmodell der psychosozialen Entwicklung des Menschen, welche sich im Spannungsfeld zwischen den psychischen Grundbedürfnissen und der sozialen Umgebung abspielt. Besonders ist dabei natürlich das Verhältnis zur Mutter ausschlaggebend, der das Kind letztendlich anvertraut und ausgeliefert ist. Die Mutter befriedigt die physischen wie psychischen Grundbedürfnisse nach Nahrung, aber eben auch nach körperlicher Nähe, Sicherheit, Geborgenheit und Zugehörigkeit.

Das Kind kann in dieser Phase seine Bedürfnisse lediglich durch das „Auf-sich-aufmerksam-Machen" äußern. Bei Verweigerung der Befriedigung der psychischen Grundbedürfnisse entstehen Gefühle von Angst, Bedrohung, und es kann sich daraus ein „Urmisstrauen" entwickeln.

Positive Erfahrungen mit dem Verhalten der Mutter und der mütterlichen Fürsorge fördern die Entwicklung positiver Glaubenssätze und sind der Keim für die Ausprägung späteren Selbstvertrauens – auf dem Fundament der gemachten positiven Erfahrungen mit der Mutter und der unterbewussten Erkenntnis, dass man sich verlassen, sprich dass man vertrauen kann. (Glaubenssätze sind Überzeugungen, die auf der Interpretation kindlicher Erfahrungen basieren, als tiefe Überzeugungen im Geist verankert sind und dort als „Realitätskonstrukt" Denken und Handlungen unbewusst beeinflussen.)

Gertrud Höhler fasst dies in ihrem Buch „Warum Vertrauen siegt" (Höhler 2003) sehr schön zusammen: „Das kleine Kind lernt, sich auf seine Versorger zu verlassen, und es lernt zugleich, seine eigenen Impulse zu kontrollieren; es lernt sich selbst zu vertrauen. Die Verlässlichkeit der Betreuer ist nun doppelt abgesichert: Das Kind fühlt sich in der vertrauten Umgebung vertrauenswürdig. Es erreicht die ruhige Gewissheit, dass seine vertrauten Menschen es nicht meiden oder gar verlassen werden. In der Vertrauenserfahrung seiner ersten Lebensmonate erlebt der Säugling auch den Austausch von Gefühlen und Gewissheiten, die wir, unzulänglich für dieses Lebensalter, mit ‚Liebe' bezeichnen würden. Das Urvertrauen des Kindes ist eng an die liebende Zuwendung seiner Umgebung gebunden." Durch die beschriebenen positiven Erfahrungen mit Vertrauen und dem „Sich-verlassen-Können", entsteht eine positive Einstellung zum Vertrauen in sich, dem „Sich-selbst-vertrauen-Können" und letztendlich die Bereitschaft, anderen Vertrauen schenken zu können. Insgesamt entsteht eine „Vertrauensreserve" (Höhler 2003), die sich, gerade auch im Erwachsenenalter, positiv auf die persönliche Resilienz auswirkt.

» „In der Beziehung zu unseren Eltern lernen wir, was wir von uns selbst und von zwischenmenschlichen Beziehungen zu halten haben. Unser Selbstwertgefühl entsteht in den ersten Lebensjahren und damit einhergehend auch unser Vertrauen in andere Menschen oder – im weniger günstigen Fall – unser Misstrauen gegenüber anderen Menschen und in zwischenmenschliche Beziehungen." - Stefanie Stahl (deutsche Psychologin)

Ute Frevert zieht in ihrem Buch „Vertrauensfragen" (Frevert 2013) ebenfalls eine direkte Linie zwischen der „sensitiven Befriedigung der individuellen Bedürfnisse des Kindes" und der Entwicklung der eigenen Vertrauenswürdigkeit des Kindes. Ferner bringt sie den Begriff des „Kameradenvertrauens" in die Diskussion ein. Sie setzt diesen eher aus der militärischen Ausbildung stammenden Begriff in Bezug zu den Aussagen von Erikson: „Kameradenvertrauen ähnelt jenem Gefühl des ‚Sich-verlassen-Dürfens', für das Erikson 1950 den Begriff ‚Urvertrauen' prägte. Es sei ‚der Eckstein der gesunden Persönlichkeit' und von zentraler Bedeutung für eine positiv-bejahende Einstellung zu sich selbst und zur Welt."

Stefanie Stahl (2015) schreibt in ihrem Bestseller „Das Kind in dir muss Heimat finden": „In der Beziehung zu unseren Eltern lernen wir, was wir von uns selbst und von zwischenmenschlichen Beziehungen zu halten haben. Unser Selbstwertgefühl entsteht in den ersten Lebensjahren und damit einhergehend auch unser Vertrauen in andere Menschen oder – im weniger günstigen Fall – unser Misstrauen gegenüber anderen Menschen und in zwischenmenschliche Beziehungen." Stefanie Stahl sieht die Entstehung von Urvertrauen befördert durch die Situation der „völligen Auslieferung" des Kindes und die Silbe „Ur" als Synonym für eine tiefe, existenzielle Erfahrung. In Bezug auf das Urvertrauen schreibt sie: „Menschen, die Urvertrauen entwickelt haben, fühlen auf einer ganz tiefen Ebene ihres Bewusstseins Vertrauen in sich selbst, was auch die grundlegende Voraussetzung ist, um anderen Menschen vertrauen zu können. Menschen, die kein Urvertrauen erworben haben, fühlen sich auf einer tiefen Ebene verunsichert und bringen Menschen mehr Misstrauen entgegen. Wenn ein Mensch Urvertrauen entwickelt hat, dann befindet er sich häufig im Modus des Sonnenkindes. Hat er dieses Urvertrauen hingegen nicht erworben, dann nimmt das Schattenkind einen großen Raum in ihm ein." Stefanie Stahl bringt in ihrem Buch die Begriffe „Schattenkind" und „Sonnenkind" ein, die von Julia Tomuschat (2016) stammen. Sie schreibt: „Das Schattenkind umfasst unsere negativen Glaubenssätze und die daraus resultierenden belastenden Gefühle wie Trauer, Angst, Hilflosigkeit oder Wut. Das Sonnenkind hingegen steht für unsere positiven Prägungen und guten Gefühle. Es steht für alles, was fröhliche Kinder ausmacht: Spontanität, Abenteuerlust, Neugierde, Selbstvergessenheit, Vitalität, Tatendrang und Lebensfreude. Das Sonnenkind ist eine Metapher für den intakten Anteil unseres Selbstwertgefühls."

Niels Birbaumer antwortet in einem Interview mit „GEO Wissen" (Simon und Weiss 2017) auf die Frage „Was genau ist das Urvertrauen?" mit dem Hinweis auf Erikson: „[…], dass ein Kleinkind im ersten Lebensjahr die Gabe erwirbt, zwischen jenen Menschen oder Dingen zu unterscheiden, denen es vertrauen kann, und solchen, denen es besser misstrauen sollte. Diese Fähigkeit ist derart fundamental, dass man ihre Entfaltung als ‚zweite Geburt' bezeichnen könnte. In dieser Zeit entscheidet sich, wie sich ein Mensch prinzipiell gegenüber seinen Mitmenschen verhalten wird. Es werden Weichen dafür gestellt, ob wir im späteren Leben nach Zuwendung gieren oder immerzu misstrauisch sind, zutraulich oder skeptisch." In seinem Buch „Vertrauen: ein riskantes Gefühl" beschreibt er wissenschaftliche Ansätze, die unterstreichen sollen, dass durch pränatale Erfahrungen Menschen potenziell zutraulich oder argwöhnisch geboren werden. Er führt in seiner Argumentation an, dass im Fötus emotionale Gehirnareale, „die später das steuern, was wir mit Vertrauen umschreiben", dann angeregt werden, wenn das Umfeld bzw. die Mutter positiv auf ihn einwirken (z. B. über Sprache, Laute, Tastreize, Temperatur): „Es konnte nachgewiesen werden, dass ein solches emotionales Lernen möglich ist. Daraus müssen wir schließen, dass auch Emotionen, die mit Vertrauen zu tun haben, erlernt werden können."

2.5   Vertrauen – dem Missbrauch sind Tür und Tor geöffnet, und genau das macht die Stärke von Vertrauen aus!

Menschen sind bereit, anderen Vertrauen zu schenken, wenn sie positive Vertrauenserfahrungen mit einzelnen Personen oder Gruppen gemacht haben. Vertrauen ist aber immer eine einseitige Vorleistung, ein Wechsel auf die Zukunft, ein Vorschuss auf das Gelingen, denn Vertrauen kann gebrochen oder missbraucht werden. Viele Menschen sehen genau hier ein wesentliches Argument dafür, anderen Menschen gegenüber eher misstrauisch zu sein und nur selten Vertrauen zu schenken. Ich möchte dies nicht bewerten oder gar verurteilen. Ich möchte hier einen anderen Gedanken in die Diskussion einbringen: Ist es nicht genau der Charakter der Vorleistung, der Unsicherheit und des vielleicht mulmigen Gefühls, ob der andere das Vertrauen wirklich rechtfertigt, das Vertrauen seine Macht und unbeschreibliche Wirkung verleiht? Ich sehe in der Möglichkeit des Missbrauchs eine große Stärke und die Wurzel für den positiven Effekt von Vertrauen.

Es liegt im Wesen von Vertrauen, dass es missbraucht werden kann. Wenn man wirklich mit Haut und Haaren vertraut, dann macht man sich scheinbar schwach, liefert sich aus und gibt dem anderen die Möglichkeit, das entgegengebrachte Vertrauen zu missbrauchen. „Vertrauen stellt seine Partner vor die Missbrauchswahl", wie es Gertrud Höhler (2003) formuliert.

》 „Vertrauen stellt seine Partner vor die Missbrauchswahl. Zugleich schluckt es die Wahlfreiheit: Keiner will sich vom Vertrauen trennen. Es erwidern, um es zu behalten: die einzige Möglichkeit, Vertrauen zu sichern." - Gertrud Höhler (deutsche Literaturwissenschaftlerin)

Erfährt ein Mensch Vertrauen, wird dies in aller Regel positiv und als Wertschätzung wahrgenommen. Die Erkenntnis reift: „Mir wird vertraut – wie toll ist das denn?!" Wenn ich etwas so Positives und Wertschätzendes entgegenbracht bekomme, überlege ich dann zuerst: „Wie kann ich diesen Vorteil zu meinem Nutzen verwenden?", oder ist man nicht doch eher geneigt, alles zu tun, um das erhaltene Vertrauen zu rechtfertigen? Ich glaube fest an die zweite Variante. In diesem Sinne interpretiere ich auch den zweiten Teil des obigen Zitats von Gertrud Höhler. Wenn man Vertrauen entgegengebracht bekommt, dann setzt man alle Hebel in Bewegung, um dieses Vertrauen zu rechtfertigen. Gertrud Höhler stößt dabei eine weitere Tür auf: „Es erwidern, um es zu behalten" impliziert die hohe Wertigkeit des Vertrauensvorschusses. Gleichzeitig weist es auf die Zukunft und die davon ausgehende Motivation hin, denn wenn ich es behalten möchte, sollte ich das Vertrauen rechtfertigen und erwidern. Letztendlich entsteht dadurch eine positive Vertrauenskaskade.

》 Ein Fußballprofi nach dem Spiel: „Obwohl ich die Woche nicht so gut trainieren konnte, hat mir der Trainer mit seiner Entscheidung, mich spielen zu lassen, Vertrauen entgegengebracht. Das wollte ich ihm über die gesamten 90 Minuten zurückzahlen."

Ein anderer Aspekt, der Vertrauen auch für den Empfänger so bedeutsam wirken lässt, ist die „Macht", die der Vertrauende scheinbar aus der Hand gibt. Der Vertrauende liefert sich in gewisser Weise aus, gibt Macht, Befugnisse und Aufgaben an den Empfänger ab. Wer vertraut, macht sich verwundbar, geht ein Wagnis ein, und es bleibt nur die hoffende Erwartung, dass das Vertrauen auf fruchtbaren Boden fällt. Kein Zitat in der Literatur fasst meine Ansicht und Überzeugung über die implizite Stärke, die gefühlt verpflichtende Wirkung von Vertrauen besser zusammen als die Worte von Gertrud Höhler:

» „Vertrauen ist immer ein Appell: Enttäusch mich nicht! Vertrauen beginnt ohne Beweise, es fordert sie aber heraus." - Gertrud Höhler (deutsche Literaturwissenschaftlerin)

Vertrauen akzeptiert Unsicherheit über den Ausgang, liefert einen aus, macht scheinbar schwach und ist verbunden mit dem Verzicht auf Kontrolle. Genau dies fordert Menschen heraus, Vertrauen zu rechtfertigen und damit das positive und energieverleihende Gefühl „Mir wird vertraut" immer wieder geschenkt zu bekommen.

Ob dies eine moralische Komponente beinhaltet, wie es die sozialkognitive Neurowissenschaft diskutiert, oder ob eine reine Nutzenabwägung den Ausschlag gibt, ist aus meiner Sicht eine eher nachgeordnete Fragestellung. Ich persönlich halte es mit positivem Vertrauen in den Menschen, der nicht wie „Homo oeconomicus" sein gesamtes Handeln auf die Steigerung des eigenen Nutzens ausrichtet – ich bin bereit, Menschen zu vertrauen.

» „Nichts Größeres kann ein Mensch schenken als sein ganzes Vertrauen. Keine Gabe erhöht so sehr den Geber und Empfänger." - Henry David Thoreau (US-amerikanischer Philosoph)

2.6 Redensarten führen auf den Holzweg

Redensarten und Zitate werden in Vorträgen und Präsentationen häufig zur Verstärkung des Gesagten verwendet. Einige Redensarten schaffen es auch in den allgemeinen Sprachgebrauch, um in der täglichen Kommunikation persönliches Verhalten zu untermauern, zu begründen und manchmal auch zu rechtfertigen. Es gibt eine nahezu unüberschaubare Zahl an Zitaten, die sich positiv mit dem Thema Vertrauen auseinandersetzen. Dennoch gibt es in meiner Wahrnehmung durchaus zwei Redensarten bzw. Zitate, die sehr präsent sind und das Misstrauen als etwas Positives darstellen, es hoffähig machen.

Vertrauen ist gut, Kontrolle ist besser!
Dieses Zitat wird häufig verwendet, wenn es um die Rechtfertigung geht, warum man anderen Menschen, Mitarbeiterinnen und Mitarbeitern oder dem persönlichen Umfeld nicht vertraut. Die wenigsten wissen, dass dieses Zitat dem russischen Politiker Wladimir Iljitsch Lenin zugeschrieben wird. „Für Lenin war die Diktatur des Proletariats das einzig mögliche demokratische System. Aber der sogenannte ‚Rote Terror' machte Millionen von Menschen zu Opfern. Lenin gelang es nicht, zum Wohle Russlands, Gerechtigkeit und Gleichheit einzuführen – so wie es sein ausdrückliches Ziel war. Stattdessen entstanden Gewalt, Chaos, Anarchie und Unterdrückung" (Demmelhuber 2017).

Ich persönlich kann nichts Positives an dieser Redensart erkennen, auch wenn man sie wie gesagt häufig hört. Kontrolle hat ihren Ursprung immer in Misstrauen gegenüber Menschen. Misstrauen seinerseits schwächt Menschen und Organisationen, macht diese langsam und wenig effizient. Misstrauen erzeugt Konflikte und demotiviert Mitarbeiterinnen und Mitarbeiter. Misstrauen ist kontraproduktiv – in jeder Hinsicht. Durch Kontrollen von Arbeitszeit, Umsatzzahlen, Pausenhäufigkeit, Gesprächsdauer, Aufenthalt in der Teeküche, Rauchpausen und vielem anderen mag der Kontrollierende sein persönliches Bedürfnis nach Sicherheit und dem „Alles-im-Griff-Haben" befriedigen. Auf der anderen Seite stehen Demotivation, unterschwelliger Widerstand und Vertrauensverlust, die sich überaus negativ auf die Leistungsfähigkeit und das Zusammengehörigkeitsgefühl im Team und in der gesamten Organisation auswirken. Mein Tipp zu diesem Zitat wäre darum: ersatzlos aus dem sprachlichen Repertoire streichen.

Gesundes Misstrauen

Kann Misstrauen gesund sein? Ich bin der Meinung: Nein! Wenn man sieht, was Misstrauen in Unternehmen anrichtet, kann ich keine Indizien erkennen, die für ein „gesundes Misstrauen" sprechen.

Misstrauen führt Führungskräfte und Belegschaft an persönliche und psychische Grenzen. Statt positiv eingestellt zu sein, befinden sich Mitarbeiterinnen und Mitarbeiter, aber auch die Misstrauenden in einem ständigen *Alarm- und Überwachungsmodus*. Hält die Deadline? Habe ich die nötigen Informationen? Was passiert, wenn ich die Unterlagen nicht rechtzeitig und in der erwarteten Qualität erhalte? Laufen alle Prozesse? Haben die Projektmitglieder wirklich die notwendigen Kompetenzen, und bin ich immer gut informiert? Dies sind nur einige Gedanken, die sicher täglich in Unternehmen durch die Flure geistern und so belastend wie hemmend wirken. Es laufen ausschließlich negative Szenarien ab – und diese blockieren positive, auf Vertrauen und Kooperation ausgerichtete, zukunftsorientierte Gedanken. Diese negativen Grundhaltungen limitieren die psychische und inhaltliche Leistungsfähigkeit aller Beteiligten. Durch Misstrauen bzw. mangelndes Vertrauen sabotieren wir uns selbst, wir sabotieren die eigene Leistungsfähigkeit und die persönliche Wirkung im Team, in Projekten und in Unternehmen.

Was ist zu tun?

Ganz einfach – hören Sie auf zu kontrollieren. Ist das wirklich einfach? Nein! Der Weg von einer Kontrollkultur hin zu einer Kooperations- und

Vertrauenskultur ist lang, beginnt aber bei jedem Einzelnen. Ausgangspunkt ist immer die persönliche Einstellung zu Menschen und zum jeweiligen Umfeld. Viele meiner Leser werden sicher die XY-Theorie von
McGregor kennen. Ich selbst lehre diese in meinen Vorlesungen an der
Hochschule Fresenius und unterstreiche die Relevanz dieser durchaus als
„einfach" geltenden Theorie.

Der Ansatz von McGregor (siehe Abb. 2.2) beschreibt die Einstellung
von Menschen zur Arbeit auf der Basis zweier unterschiedlicher Men-
schenbilder (Olfert 2008). Die Theorie X schreibt dem Menschen eine
negative, die Theorie Y eine positive Einstellung zur Arbeit zu. Je nachdem, in welche Kategorie Vorgesetzte ihre Mitarbeiter einordnen, resultiert daraus ein anderer Umgang mit ihnen, und es manifestieren sich
unterschiedliche Führungsstile. So entsteht eine selbsterfüllende Prophe-
zeiung, denn wer Menschen so behandelt, als seien sie faul und unreif,
der wird genau dieses Verhalten in seinem Team erzeugen.

Wer jedoch Menschen „liebt" und das Positive erwartet, dem wird
auch viel Positives entgegenkommen. Wertgeschätzte Mitarbeiter, denen
Achtung und Vertrauen geschenkt werden, identifizieren sich im besten

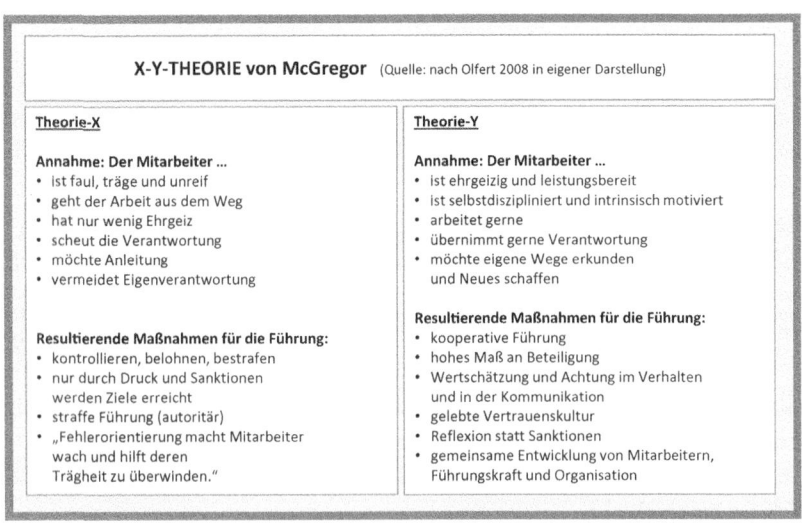

Abb. 2.2 Annahmen und resultierende Führungsansätze der XY-Theorie von
McGregor. (Quelle: nach Olfert 2008, in eigener Darstellung)

Fall mit der Führungskraft, dem Team und der Organisation. Durch wenig psychisch belastende Arbeitsstrukturen, durch Beteiligung und Wertschätzung entsteht eine Leichtigkeit im Miteinander, die es allen Beteiligten ermöglicht, das Beste zu leisten, selbstbestimmt und intrinsisch motiviert. Selbstredend schafft dies fast nebenbei ein hervorragendes Fundament für ein erfolgreiches Employer Branding.

Wechseln SIE die Seite und erwarten SIE nur das Beste – von sich und anderen Menschen! Löschen Sie die Redewendung „Vertrauen ist gut, Kontrolle ist besser" und den Begriff „gesundes Misstrauen" aus Ihrem Sprach- und Handlungsrepertoire.

Literatur

Birbaumer, Niels; Wertheimer, Jürgen (2017): Vertrauen: ein riskantes Gefühl. Benevento Publishing, Elsbethen

Bullinger, Angelika et al. (2013): Systemvertrauen als betriebliche Ressource Vertrauen messen – Instrumentarium & Fallstudien (Bd. 2). Aw&I Wissenschaft und Praxis, Chemnitz

Clases, Christoph; Wehner, Theo (2019): Vertrauen, in: Lexikon der Psychologie. Download am 27.1.2020 unter: https://www.spektrum.de/lexikon/psychologie/vertrauen/16374

Coleman, James S. (1991): Grundlagen der Sozialtheorie. Bände 1–3, Oldenbourg Verlag, München

Das, Tapon K.; Teng, Bing-Sheng (2001): Trust, control, and risk in strategic alliances: An integrated framework. In: Organization Studies Jg. 22, S. 251–823

Demmelhuber, Simon (2017): Ein fanatischer Revolutionär. Download am 27.1.2020 unter: https://www.br.de/radio/bayern2/sendingen/radiowissen/geschichten/lenin-uljanow-russland100.html

Depiereux, Philipp (2019): Studie Digitale Transformation – Die Zukunftsfähigkeit der deutschen Unternehmen. Download am 20.3.2020 unter: https://www.etventure.de/pressemeldungen/etventure-studie-deutschen-grossunternehmen-fehlt-das-vertrauen-in-die-eigenen-mitarbeiter-fuer-die-digitale-transformation-kluft-im-markt-entsteht

Eberl, Peter (2004): The development of trust and implications for organizational design: A game- and attribution-theoretical framework. Schmalenbach Bus Rev 56. https://doi.org/10.1007/BF03396695

Erikson, Erik H. (1950): Childhood and society. W. W. Norton & Company, New York

Frevert, Ute (2013): Vertrauensfragen – Eine Obsession der Moderne, Verlag C. H. Beck, München

Greschuchna, Larissa (2006): Vertrauen in der Unternehmensberatung – Einflussfaktoren und Konsequenzen. Gabler Verlag, Wiesbaden

Höhler, Gertrud (2003): Warum Vertrauen siegt. 1. Auflage, Ullstein Verlag, Berlin

Kassebaum, Ulf Bernd (2004): Interpersonelles Vertrauen: Entwicklung eines Inventars zur Erfassung spezifischer Aspekte des Konstrukts. Dissertation.

Kreps, David (1990): Corporate culture and economic theory, in perspectives on positive political economy. Cambridge Press

Krumholz, X.; Potter X. (1980): Verhaltenstherapeutische Techniken für die Entwicklung von Vertrauen, Kohäsion und Zielorientierung in Gruppen, in: K. Grawe (Hrsg.), Verhaltenstherapie in Gruppen. Urban & Schwarzenberg, München

Luhmann, Niklas (2014): Vertrauen. Ein Mechanismus der Reduktion sozialer Komplexität. 5. Auflage, UVK Verlagsgesellschaft mbH, Konstanz

McAllister, Daniel J. (1995): Affect-based and cognition-based trust as foundations for inter- personal cooperations in organisations. In: Academy of Management Journal, Vol. 38, S. 24–59

Olfert, Klaus (2008): Lexikon der Personalwirtschaft, 1. Auflage, NWV Verlag, Herne

Petermann, Franz (2013): Psychologie des Vertrauens, 4. Auflage, Hogrefe Verlag GmbH & Co. KG., Göttingen

Rotter, Julian B. (1967): A new scale for the measurement of interpersonal trust. American Psychologist, 35, 1–7

Rousseau, Denise et al. (1998): Not so different after all: A crossdiscipline view of trust. In: Academy of Management Review, 23

Schmiede, Rudi (2013): Vertrauensbasiert kooperieren – Teamwork in unternehmens- und standortübergreifenden Projekten. Shaker Verlag, Aachen

Schweer, Martin (1996): Vertrauen in der pädagogischen Beziehung. Verlag Hans Huber, Bern

Seiwert, Lothar; Gay, Friedbert (2017): Das 1x1 der Persönlichkeit. Persolog GmbH, Verlag für Lerninstrumente, Remchingen

Simmel, Georg (1968): Soziologie. Untersuchungen über die Formen der Vergesellschaftung, 5. Auflage, Duncker & Humblot, Berlin

Simon, Claus Peter; Weiss, Bertram (2017): Vertrauen, das verbindende Gefühl. GEO Wissen, Ausgabe Nr. 59, Gruner + Jahr, Hamburg

Stahl, Stefanie (2015): Das Kind in dir muss Heimat finden. 11. Auflage, Kailash Verlag

Tomuschat, Julia (2016): Das Sonnenkind-Prinzip. Kailash Verlag, Berlin

Wenzel, Harald (2019): Kommunikation und Vertrauen in der Ethnomethologie. In: Die Abenteuer der Kommunikation, Verlag Weilerswist/Velbrück Wissenschaft, Weilerswist-Metternich

Winand, Udo (2020): Vertrauen in virtuelles Lehren und Lernen. Download am 20.3.2020 unter: https://www.mueller-boeling.de/veroeffentlichungen/ digitale-festschrift/vertrauen-in-virtuelles-lehren-und-lernen

3

Die Physik des Vertrauens – wie entsteht Vertrauen

Zusammenfassung Viele Menschen tun sich schwer mit dem Benennen von Aspekten, die für die Entwicklung von Vertrauen notwendig sind. Wie entsteht Vertrauen? Genau hier setzt das Buch und im Speziellen dieses Kapitel an. Der Autor nutzt dabei die Analogie zur Physik und beschreibt die Entstehung von Vertrauen auf der Basis der Aktivierung von sieben Kraftfeldern. Demnach entsteht Vertrauen zwischen zwei Interaktionspartnern immer dann, wenn sieben Kraftfelder (Aspekte) durch das eigene Handeln und die persönliche Art der Kommunikation aktiviert werden. Sie lauten: (1) Kompetenz, (2) Ich vertraue mir, (3) Wertschätzung, (4) Interesse, (5) Information, (6) Respekt und (7) Erleben. Sie alle tragen dazu bei, die persönliche Wirkung zu steigern und ein stabiles Vertrauensverhältnis entstehen zu lassen. Die Kraftfelder und ihre vertrauensstiftende Wirkung werden ausführlich diskutiert und mit Hilfe einer einfachen Formel in Beziehung zueinander gesetzt.

Die **Physik** ist eine untersuchende und zugleich beschreibende Wissenschaft, die sich mit grundlegenden Naturphänomenen beschäftigt. Um Eigenschaften, Verhalten und Strukturen zu beschreiben, sucht die Phy-

© Der/die Herausgeber bzw. der/die Autor(en), exklusiv lizenziert durch
Springer-Verlag GmbH, DE, ein Teil von Springer Nature 2020
W. Schön, *Vertrauen, die Führungsstrategie der Zukunft*,
https://doi.org/10.1007/978-3-662-61971-1_3

sik nach Gesetzmäßigkeiten und entwickelt quantitative Erklärungsmodelle. Besonderer Fokus liegt in den Bereichen Materie und Energie sowie deren Wechselwirkungen in Raum und Zeit.

Innerhalb dieses Kapitels möchte ich interpersonale Verhaltensaspekte erläutern, auf deren Grundlage Vertrauen entsteht. Natürlich habe ich in Kap. 2 schon viele Einzelaspekte besprochen und Theorien erläutert. Nun erlaube ich mir, mit Bezug auf meine physikalische Ausbildung, die Analogie zu physikalischen Kraftfeldern zu nutzen, um die sieben wesentlichen Kraftfelder des Vertrauens in einem Gesamtbild darzustellen und detailliert zu besprechen.

Warum Kraftfelder? Zunächst, ein physikalisches Kraftfeld ist ein Feld, dessen Feldstärke auf einen Probekörper, der sich im Kraftfeld befindet, eine Kraft ausübt. Die Masse der Erde erzeugt ein Gravitationsfeld. Als Menschen stehen wir mit unserer Masse in Wechselwirkung mit diesem Gravitationsfeld, das dafür sorgt, dass wir quasi nicht von der Erde runterfallen. Ein Magnet erzeugt ein elektromagnetisches Kraftfeld, welches wir als Menschen nicht spüren. Bringt man aber Eisenspäne in das Kraftfeld, richten sich diese entsprechend der Feldlinien aus. Um positive, vertrauenswürdige Menschen entsteht ein Kraftfeld, das in jeder Begegnung mit anderen Menschen Vertrauen entstehen lässt.

Aber Achtung: Natürlich kann dieses Kraftfeld auch manipulativ eingesetzt werden. Leo Martin, Ex-Geheimdienstler, hat in seinem lesenswerten Buch „Ich krieg dich!" (Martin 2011) von Erfahrungen erzählt, welche manipulativen Möglichkeiten es gibt, Vertrauen „künstlich" zu erzeugen. Ich glaube, es gibt immer zwei Seiten einer Medaille, und ich freue mich, wenn die Leser dieses Buches die durch ihr Verhalten entstehenden „Kraftfelder" im Sinne eines wertschätzenden und respektvollen Umgangs mit Menschen und Gesprächspartnern nutzen.

3.1   Psychische Grundbedürfnisse und Vertrauen

Psychische Grundbedürfnisse steuern unser Leben und Handeln. Wie stark diese tiefliegenden Bedürfnisse unser gesamtes Leben beeinflussen, fasst Stephanie Stahl (2015) in ihrem Buch „Das Kind in dir muss Heimat finden" sehr schön in dem folgenden Zitat zusammen: „Mir fällt kein psychisches Problem ein, das man nicht auf die Verletzung eines oder mehrerer Grundbedürfnisse zurückführen kann."

Sie fragen sich, was diese Grundbedürfnisse mit dem Prozess der Vertrauensbildung zu tun haben sollen? Ich denke, die Befriedigung der vier Grundbedürfnisse bildet das Fundament für die Entstehung von Vertrauen. Die vier psychischen Grundbedürfnisse sind:

- Bedürfnis nach Bindung (Zugehörigkeit, Sicherheit)
- Bedürfnis nach Selbstwerterhöhung (Wertschätzung, Anerkennung)
- Bedürfnis nach Autonomie (Kontrolle, Individualität)
- Bedürfnis nach Lustbefriedigung bzw. Unlustvermeidung

Da ich bei der Beschreibung der „Physik des Vertrauens" immer wieder den Brückenschlag zu den psychischen Grundbedürfnissen wagen werde, möchte ich diese kurz erläutern. Die Basis dafür bilden zum Teil die Aussagen von Stephanie Stahl (2015) in ihrem oben genannten Buch.

Bindung

Der Wunsch nach Bindung und Gruppenzugehörigkeit befriedigt zunächst die Bedürfnisse nach Sicherheit und Schutz, die aus der Zugehörigkeit zu einer Gruppe resultieren. Dazu kommen seelische Aspekte wie der Kontakt und die Möglichkeit des Austauschs innerhalb einer Gruppe. In meinen Gesprächen sowohl mit Top-Führungskräften als auch mit selbstständig Tätigen erkenne ich immer wieder den Mangel an intellektuellem Austausch. In Netzwerken und am Arbeitsplatz trifft man zwar viele Menschen, aber findet auch wirklich echter, persönlicher und von gegenseitigem Interesse geprägter Dialog statt? Ich denke, deutlich zu wenig. Für diese Gruppen ist es wichtig, Personen zu finden, zu denen eine vertrauensvolle, persönliche Beziehung aufgebaut werden kann, damit Reflexion, Sparring und intellektueller Austausch möglich sind.

Selbstwerterhöhung

Dieses Grundbedürfnis enthält die Aspekte Wertschätzung und Anerkennung und ist eng mit dem Bedürfnis nach Bindung verbunden. Wertschätzung und Anerkennung kommen aus unserem privaten oder beruflichen Umfeld, im besten Falle aber auch aus uns selbst heraus. Stephanie Stahl schreibt in Bezug auf das kindliche Selbstwertempfinden: „Im Säuglingsalter lernen wir durch das Verhalten unserer Eltern, ob wir geliebt und willkommen sind oder nicht." David Schnarch, ein bekannter US-amerikanischer Sexualforscher, bezeichnet diesen Prozess als das gespiegelte Selbstwertempfinden. Stephanie Stahl weiter: „Damit ist gemeint, dass dem Kind durch seine Pflegeperson gespiegelt wird, ob es ‚o. k.' ist oder eben nicht. Wenn die Mutter das Kind zum Beispiel anlächelt, ist dies für das Kind, als halte man ihm einen Spiegel vor, der ihm zeigt, dass sich seine Mutter über sein Dasein freut. Durch die Handlung seiner Pflegepersonen entwickelt das Kind sein Selbstwertempfinden."

Ich bin der Meinung, dass dies bei Erwachsenen gar nicht so anders funktioniert. Feedback, das Miteinanderreden und ein Lächeln zeigen auch dem Erwachsenen: „Du bist o. k." Menschen, die durch ihr Verhalten andere gut aussehen lassen und damit deren Selbstwertgefühl steigern, werden als eher sympathisch wahrgenommen und erzeugen eine Atmosphäre, ein Kraftfeld, in dem Vertrauen entstehen kann.

Autonomie

Autonomie hört sich zunächst einmal wie ein Widerspruch zum Bedürfnis der Zugehörigkeit an, ist es aber ganz und gar nicht. Zwischen diesen beiden Grundbedürfnissen stellt sich in unserem Bedürfnisgeflecht eine Balance ein. Wiederum Stephanie Stahl (2015) schreibt dazu: „Die innere Balance zu finden zwischen unseren Bedürfnissen nach Bindung auf der einen Seite und Autonomie und Selbstständigkeit auf der anderen Seite, ist eine Herausforderung, die jeder Mensch für sich lösen muss. Es handelt sich sozusagen um einen menschlichen Grundkonflikt, der in der Fachliteratur als der Autonomie-Abhängigkeit-Konflikt bezeichnet wird. Das Wort Abhängigkeit kann man hier als ein Synonym für Bindung verstehen." Auf der einen Seite die Gruppe, die Sicherheit und auf der anderen Seite der Wunsch, von den Gruppenmitgliedern und externen Personen als Individuum mit persönlichen Merkmalen wahrgenommen zu werden. Nur wenige Menschen tauchen so tief in eine Gruppe ein, um dadurch komplett „unsichtbar" zu werden.

Im betrieblichen Umfeld wird das Grundbedürfnis nach Autonomie stark durch das Interesse anderer an der eigenen Person, der persönlichen Kompetenz und den Meinungen und Einschätzungen befriedigt. Ehrliches Interesse an einem Mitarbeiter, einem Gesprächs- oder Interaktionspartner zu haben, befriedigt das Autonomiebedürfnis dieser Person und trägt zur Selbstwerterhöhung bei. Eine gute Basis für entstehendes Vertrauen zwischen den Interaktionspartnern.

Lustbefriedigung bzw. Unlustvermeidung
Lust und Lustbefriedigung kann auf sehr unterschiedlichen Wahrnehmungskanälen empfunden werden. So zum Beispiel beim Essen, beim Sport, bei einem schönen Film, dem Besuch einer Kunstausstellung, aber auch durch ein schönes Gespräch oder ein Lächeln von einem lieben Menschen. Es geht bei der Lustbefriedigung also nicht notwendigerweise um eine Triebbefriedigung. Lust und Unlust sind wichtige Parameter unseres Motivationssystems, und häufig sind wir in der Kindheit durch die Schokolade von der Tante, die Gummibären von der Oma für das „Liebsein" belohnt worden. Haben Sie auch 10€ für die gute Mathe-Klausur erhalten? Auch heute wird diese extrinsische Belohnungsmotivation in Form von Provisionen und anderen Anreizsystemen praktiziert. Reinhard Sprenger, deutscher Motivationsguru, bezeichnete Provisionen in einem seiner Vorträge als „Fluchtverhinderungsmaßnahmen", die nicht dazu geeignet sind, echte Motivation zu erzeugen. Der bessere Weg ist, die Bedingungen und die Führungskommunikation am Arbeitsplatz so zu gestalten, dass intrinsische Motivation, also die Motivation aus der Person heraus, stattfinden kann.

» Ein Lächeln und ein Mensch, der sich für einen interessiert – was gibt es Schöneres?

Für den Prozess der Vertrauensbildung im beruflichen Kontext ist aus meiner Sicht der folgende Ansatz wichtig und richtig: großzügig und aus tiefstem

Herzen positiv mit Menschen umgehen. Nur wer unvoreingenommen mit seinen Kollegen, Kolleginnen und Mitarbeitern umgeht, wird ein ehrliches Interesse an genau diesem Menschen haben. Ja, ich denke, dass schon gezeigtes Interesse allein eine gewisse Lustbefriedigung erzeugt. Ein Lächeln und ein Mensch, der sich für einen interessiert – was gibt es Schöneres?

Die Berücksichtigung psychischer Grundbedürfnisse im täglichen Handeln und Kommunizieren ist aus meiner Sicht eine wichtige Basis für das Entstehen von Vertrautheit, Vertrauenswürdigkeit und letztendlich auch für die Entwicklung tiefen Vertrauens.

3.2 Wie Vertrauen entsteht – die 7 Kraftfelder

Vertrauen entsteht wie ein Diamant: unter besonderen Bedingungen. Allerdings spielt Druck, anders als beim Diamanten, hierbei keinerlei Rolle – im Gegenteil, Druck und Zwang laufen der Entwicklung von Vertrauen entgegen. Vertrauen entwickelt sich, wenn ein oder mehrere Kraftfelder entstehen und dadurch vertrauensbildende Kräfte zwischen zwei Partnern wirken. Aus meiner Sicht besitzen genau diese sieben Kraftfelder besondere Bedeutung für die Entstehung von interpersonalem und intraorganisationalem Vertrauen. Abb. 3.1 visualisiert die Kraftfelder, während die Formel diese in Bezug zueinander setzt.

$$V \sim K + (I_1 \cdot [W \cdot I_2 \cdot I_3 \cdot R \cdot E])^5$$

V	= Vertrauen
K	= Kompetenz (fachlich-methodisch)
I$_1$	= Ich vertraue mir
W	= Wertschätzung
I$_2$	= Interesse
I$_3$	= Information
R	= Respekt
E	= Erleben

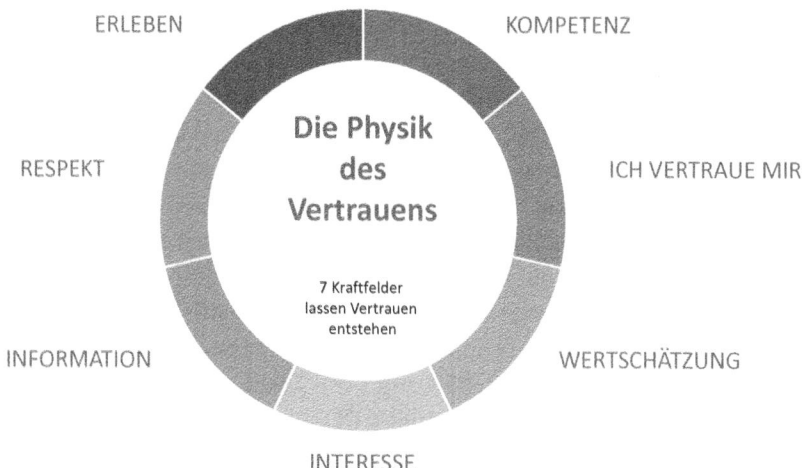

ERLEBEN

KOMPETENZ

RESPEKT

ICH VERTRAUE MIR

Die Physik
des
Vertrauens

7 Kraftfelder
lassen Vertrauen
entstehen

INFORMATION

WERTSCHÄTZUNG

INTERESSE

Abb. 3.1 Sieben Kraftfelder die Vertrauen entstehen lassen. (Quelle: eigene Darstellung)

Zunächst etwas Mathematik

Die obige Formel hat keinerlei empirische Grundlage. Doch warum eine Formel? Zum einen natürlich: Ich bin Physiker! Zweitens hat man mit einer Formel die Möglichkeit, wesentliche Parameter in Beziehung zueinander zu setzen und damit eine aus meiner Sicht realistische Plausibilität darzustellen.

Die Formel, eine Summe aus zwei Summanden – warum? Eine Summe bedeutet, dass jeder Summand unabhängig vom anderen einen Beitrag zum Gesamtergebnis leisten kann. Dementsprechend kann allein schon durch Kompetenz Vertrauen entstehen. Es bedeutet aber auch, dass selbst ohne Kompetenz Vertrauen entstehen kann. Dann bestimmt der zweite Summand die Stärke des entstehenden Vertrauens.

Der zweite Summand, $(I_1[WI_2I_3RE])^5$, ist ein Produkt aus sechs Multiplikatoren. Wiederum mathematisch betrachtet: Ist ein Multiplikator Null, wird das gesamte Produkt Null und trägt somit nicht mehr zur Gesamtsumme der Formel bei. Der Exponent „5" demonstriert die hohe Wertigkeit des Summanden für das Gesamtergebnis. Der Multiplikator I_1 steht deshalb außerhalb der runden Klammer, da er nicht erst in der Interaktion mit anderen Menschen wirksam wird. Er zieht seine Wirkung aus der Interaktion einer Person mit sich selbst.

Kompetenz (K) entwickelt sich aus individuellem Wissen und individuellen Fähigkeiten. Kompetenz wirkt vertrauensbildend, ohne dass zwangsläufig ein direkter Kontakt stattgefunden haben muss. Man vertraut dem Piloten, obwohl man ihn gar nicht kennt. Man vertraut dem Operateur in der Klinik allein aufgrund seines guten Rufs.

Das **„Ich vertraue mir"** (I_1) entsteht in der Interaktion mit einem selbst. Auch hier ist kein Kontakt zu anderen Personen notwendig. Die Entstehung und die Wirkung auf mich verlaufen damit zunächst intrinsisch. Erst wenn ich aufgrund positiver Erfahrungen mit mir selbst in der Lage bin, anderen Vertrauen zu schenken, kommen andere Menschen ins Spiel.

Die vier Kraftfelder **Wertschätzung (W)**, **Interesse (I_2)**, **Informationen & Transparenz (I_3)** und **Respekt (R)** entstehen und wirken demgegenüber fast ausschließlich in der direkten Interaktion mit anderen Menschen. Unser Verhalten und unsere Kommunikation spielen hierbei eine übergeordnete Rolle.

Das Kraftfeld **„Erleben und Erlebnisse" (E)** bezieht sich ebenfalls auf direkte Interaktionen zwischen Menschen. Die Entstehung und Wirkung beziehen sich aber eher auf Raum und Zeit der Interaktion. Nachfolgend eine überblicksartige, grobe Beschreibung der Kraftfelder. In den Unterkapiteln gehe ich dann detaillierter darauf ein.

Kompetenz (K) schafft Vertrauen

Fachlich-methodische Kompetenz schafft Vertrauen. Wir vertrauen Menschen, die ihre fachliche oder methodische Kompetenz uns persönlich gegenüber bewiesen haben. Auch ist der Mensch bereit, aufgrund von vermeintlichen Kompetenzindikatoren auf eine hohe Kompetenz zu schließen. Das können Titel, Ämter, Empfehlungen und vieles mehr sein. Selbst das Aussehen und genutzte Produkte können die Kompetenzanmutung einer Person beeinflussen.

Kompetenz kann auch ohne jegliche soziale und interpersonelle Fähigkeit Vertrauen entstehen lassen. Deshalb steht in der obigen Formel ein „Plus-Zeichen" zwischen der fachlich-methodischen Kompetenz und den eher interpersonellen Faktoren. Ohne interpersonelle Kraftfelder bleibt das Ausmaß des Vertrauens aber durchaus limitiert.

Ich vertraue mir (I_1)

Vertrauen entsteht durch positive Erfahrungen mit Menschen, aber zunächst sollte der Fokus auf dem „Ich" liegen. Die tägliche Herausforderung lautet: **„Ich tue wirklich das, was ich mir vornehme."** Dadurch erzeugt man positive Erfahrungen mit Vertrauen und mit sich selbst. Erreichte Ziele und das Gefühl, sich selbst vertrauen zu können, steigern gleichzeitig auch das Selbstbewusstsein und den Selbstwert.

Doch das „sich selbst vertrauen können" entfaltet eine weitere wichtige Wirkung, denn nach Luhmann (2014) ist es eine Voraussetzung für die Bereitschaft, anderen vertrauen zu können.

Wertschätzung (W)

Wertschätzung und Anerkennung sind eng mit dem Bindungsbedürfnis und dem Bedürfnis nach Selbstwerterhöhung verbunden. Gelebte Wertschätzung bedeutet für mich, stets **positiv, unvoreingenommen und mit Freude auf Menschen zuzugehen.** Wertschätzung ist Beziehungskitt und verleiht dem Miteinander Qualität. Sie wird durch folgende Aspekte getragen:

- positives Menschenbild leben
- Menschen wahrnehmen
- Leistungen und Beiträge sehen, würdigen und explizit benennen
- empathisch sein und Gefühle wahrnehmen
- eine positive Denkweise leben
- Menschen gut aussehen lassen
- gewaltfrei und wertschätzend kommunizieren
- verzeihen können
- Kommunikation, die ohne Rechtfertigung und Verteidigung auskommt
- Verantwortlichkeit wahrnehmen

Gelebte Wertschätzung ist für mich, neben dem Respekt, der fundamentale Faktor für die Entstehung von Vertrauen.

Interesse (I_2)

Echtes Interesse an den Belangen, an der Situation, dem Denken und Handeln anderer Menschen ist ein wichtiger Aspekt bei der Entstehung von Vertrauen. Geheucheltes Interesse und Pseudofragen, die der Fragende selbst beantwortet oder als Vehikel nutzt, um über sich selbst reden zu können, nerven und entlarven sich meist sehr schnell. Nicht gemeint ist auch die Denkweise „Wer fragt, führt". Dies ist ein Relikt aus vertriebskommunikativen Ausbildungen der 80er- und 90er-Jahre des letzten Jahrhunderts. Echtes Interesse stellt den Gesprächspartner in den Fokus der Interaktion. Es geht um das Fragen, Zuhören, Nachfragen und das Merken von Details, auf die man in späteren Gesprächen Bezug nehmen kann. Besonders in der Führung von Menschen, aber auch im Vertrieb geht es um das Wissen und das Wahrnehmen der Situation des Gegenübers. Wer nur von sich ausgeht und jede Frage aus seiner persönlichen Perspektive reflektiert, der schießt mit großer Wahrscheinlichkeit zielgenau daneben.

> **»Vertrauen lebt von der Verlagerung des Interesses weg von der persönlichen Ego-Fokussierung hin zu den Bedürfnissen der Interaktionspartner.**

Zur Formel: Wer sich nur für sich und nicht für den anderen interessiert, limitiert sich selbst. Ohne Interesse am anderen entwickelt sich Vertrauen nur schwer. Deshalb ist der Faktor I_2 ein Multiplikator im zweiten Summanden.

Information (I_3)
Die Interaktion enthält viele Aspekte und Kräfte, die gerade in Projekten, in der Führungskommunikation und in der Gruppendynamik beträchtlichen Einfluss auf das sich entwickelnde Vertrauen haben. Das Herstellen von Transparenz, das Informieren und das Beteiligen von Stakeholdern oder Teammitgliedern in Projekten und Veränderungsprozessen sind essenziell für das Entstehen von Vertrauen und damit gleichzeitig für das Gelingen von Projekten und Veränderungsprozessen (Schön 2020). Nicht zuletzt deshalb suchen immer häufiger IT-Verantwortliche (CIOs)

die Unterstützung von Business-Relationship-Managern, die dafür sorgen sollen, dass die IT ihre Arbeit stärker an den Bedürfnissen und der Situation der Nutzer ausrichtet.

Zum Kraftfeld „Information & Transparenz" zähle ich auch das Thema Feedback. Feedback ist Quelle für persönliches Empowerment und Motivation. Respektvolles Feedback richtet Menschen aus und hilft ihnen, sich zu entwickeln. Durch diese Wirkung ist Feedback ein wichtiges Puzzleteil in der Entwicklung von Kompetenzen, Selbstvertrauen und letztlich auch gegenseitigem Vertrauen. Durch die Wichtigkeit ist der Faktor I_3 ebenfalls ein Multiplikator im zweiten Summanden.

Respekt (R)

Respekt ist, neben der Wertschätzung, der fundamentale Faktor für die Entstehung von Vertrauen. Respekt umfasst eine Vielzahl von Einzelaspekten, gründet aber immer auf den folgenden zwei Säulen: zum einen die Achtung der Werte, die uneingeschränkte Wahrung von Vertraulichkeit und die Berücksichtigung der persönlichen Grenzen anderer Menschen. Zum anderen sind es die persönliche Integrität und Berechenbarkeit. Respekt wird durch die folgenden Punkte gelebt:

* Grenzen anderer kennen und berücksichtigen
* Vertraulichkeit und Verschwiegenheit wahren
* Agenda, Meinungen und Wahrnehmung respektieren
* Bewertung vermeiden
* Werte anderer achten und eigene Werte vorleben
* Integrität praktizieren
* ehrlich sein (Wort = Tat)
* zuverlässig sein
* berechenbar sein

Erleben (E)

Vertrauen basiert auf gemachten Erfahrungen. Jedes Erlebnis, jeder Kontakt mit einer Person, einer Gruppe, einer Organisation, einem Unternehmen oder auch einer Marke (z. B. Nestle, VW, Apple) erzeugt ein Erlebnis. Entscheidend dafür, dass gemeinsame Erlebnisse auf das Vertrauenskonto einzahlen, sind drei Aspekte: (1) Frequenz, (2) Intensität und (3) Raum und Zeit. Selbstredend müssen die jeweils gemachten Erfahrungen positiv belegt sein. In der Werbe- und Konsumentenpsychologie nennt man diese Erlebnisse und Erfahrungen Touchpoints. Man geht davon aus, dass jeder positive Kontakt mit einer Marke sich vertrauensbildend auf die Marke auswirkt. Die Frequenz betrifft die Häufigkeit, in der Kontakte stattfinden. Wichtiger als die Frequenz ist aber die Intensität. Diese beschreibt die inhaltliche Tiefe, die bei einem Kontakt entsteht. Raum und Zeit betreffen den Ort des Kontaktes. Je unterschiedlicher die Treffpunkte, desto stärker wirkt die Erinnerung an das gemeinsame Erlebnis.

3.2.1 Kompetenz erzeugt Vertrauen (Kraftfeld 1)

Wir vertrauen Menschen, die kompetent sind, bzw. Menschen, bei denen wir glauben, Kompetenz wahrzunehmen. Wir vertrauen Menschen wie Steuerberatern, Professoren und Richtern – alles Berufe, denen eine hohe Kompetenz zugeschrieben wird. Kompetenz schafft eine Aura, ein Kraftfeld, dem wir uns alle gerne hingeben und nach dem wir uns ausrichten. Allein durch Kompetenz kann Vertrauen entstehen, sodass die Kompetenz als Summand (K) in die Gleichung einfließt. Es bedeutet aber auch, dass selbst ohne jegliche Kompetenz Vertrauen entstehen kann. Dann wird der zweite Summand zum alleinbestimmenden Faktor des entstehenden Vertrauens.

$$V \sim K + (I_1 \cdot [W \cdot I_2 \cdot I_3 \cdot R \cdot E])^5$$

Die vertrauensbildende Wirkung von Kompetenz bezieht sich ebenso auf Marken und Produkte. Genau deshalb ist sie auch Forschungsgegenstand der Werbe- und Konsumentenpsychologie, und Unternehmen investieren jährlich hohe Summen, um das Marken- und Produktimage möglichst kompetent erscheinen zu lassen. Die Konsumenten abstrahieren damit auf das psychische Grundbedürfnis der Sicherheit und handeln entsprechend der Konzeptualisierung von Winand (WIN-2020). Kompetenz schafft Vertrauen und mindert damit die Komplexität und das

Gefühl der Ungewissheit, wodurch die Handlungsfähigkeit gestärkt wird. Wer kompetent ist, bei dem bin ich gut und sicher aufgehoben.

»Wir vertrauen Menschen, die kompetent sind. Wer kompetent ist, bei dem bin ich gut und sicher aufgehoben.

Wir setzen uns in ein Flugzeug, weil wir der Airline vertrauen, das Flugzeug technisch mit hoher Kompetenz zu warten und die eigenen Mitarbeiter (Crew und Pilot) kompetent ausgebildet zu haben. Dabei geht es natürlich um die Kompetenz der Piloten und der Crew, zum Beispiel das Flugzeug in einer Notfallsituation schnell und professionell zu entfeuchten. Dass dies nicht notwendigerweise immer so zutrifft, zeigte eine Reportage bei RTL „Team Wallraff – Undercover bei Ryanair und Eurowings", ausgestrahlt am 09.10.2019 (RTL 2019).

Aus dem Inhalt der Reportage

Eine Undercover-Reporterin wird bei den Fluggesellschaften Ryanair und Eurowings in die Ausbildung neuer Flugbegleiter eingeschleust. Besonders bei Ryanair treten überraschende Dinge zutage. Beim Thema Sicherheit hält sich Ryanair genau an die gesetzlich vorgeschriebenen 1,5 Tage für „Erste Hilfe" und ein Tag für „Evakuierungsszenarien". Die Wallraff-Reporterin (WR) fragt nach bestandener Prüfung die neuen Flugbegleiter nach deren Einschätzung der eigenen Kompetenz. WR: „Könntet ihr jetzt Personen evakuieren?" Antwort einer der neuen Flugbegleiterinnen: „Nein. Ich meine, ich weiß es nicht. Ich glaube, ich habe es nicht gut behalten." Antwort Kollege: „Ich habe keine Ahnung. Ehrlich, ich habe keine Ahnung." WR: „Also, ihr fühlt euch nicht in der Lage dazu?" Antwort eines der neuen Flugbegleiter: „Nein, ich denke nicht. Ich bin aufgeschmissen. Ich überlasse das der restlichen Crew." CUT!

Die Bewertung überlasse ich Ihnen, liebe Leser, aber zur Einordnung noch eine in dem Beitrag gelieferte Information: Für die Verkaufsschulung wurde, gegenüber den 1,5 Tagen Sicherheitstraining, eine ganze Woche veranschlagt. Mit einer solchen Vorinformation ist es sicher schwerer, dem Unternehmen zu vertrauen, obwohl ich hier nicht den Stab über Ryanair brechen möchte. Man kann aber schon nachdenklich werden.

Kompetenz hat immer einen Sachbezug, und wir Menschen suchen dementsprechend nach Hinweisen auf Qualität und Kompetenz. Würde man sich von dem netten Arzt behandeln lassen, wenn man Zweifel an dessen Fähigkeiten hat? Man sucht nach Informationen, um die eigene Kompetenzvermutung zu untermauern. Dieses Absicherungsbedürfnis befriedigen wir heutzutage gerne auch durch Bewertungsportale und Zertifikate, also mit dem Erfahrungswissen anderer, und versuchen so die bestehende Ungewissheit zu reduzieren. Haben Sie auch schon einmal im Wartezimmer eines Arztes die Approbationsurkunde und die Bestätigungszertifikate verschiedenster Fort- und Weiterbildungsmaßnahmen gesehen? Genau diese Urkunden befriedigen die Suche nach Hinweisen in Bezug auf die ärztliche Kompetenz.

> **»Wer alles weiß, wem alle Fakten vorliegen, der braucht nicht zu vertrauen. Wenn wir nicht alle Fakten haben, um zu vertrauen, gibt es nur eine Aufgabe: Situation klären, neue Fakten suchen und eine Neubewertung der Lage durchführen.**

Untersuchungen und Studien unterstützen die These „Kompetenz schafft Vertrauen". In einer Forsa-Umfrage im Auftrag der Fernsehsender ntv und RTL wurden 2505 Bundesbürger danach befragt, welchen Berufsgruppen und Institutionen sie vertrauen (siehe Abb. 3.2). Aus dem Artikel bei ntv.de (Matuschek 2020): 80 % gaben an, Polizisten und Ärzten zu vertrauen, bei Universitäten waren es 77 %. Es folgen das Bundesverfassungsgericht (74 %), der eigene Arbeitgeber (68 %) und kommunale Versorgungsunternehmen (67 %). Schlusslicht der Statistik sind Manager (8 %) und Werbeagenturen (3 %). In vorangegangenen Jahren wurde diese Befragung durch den Stern bei Forsa in Auftrag gegeben. An

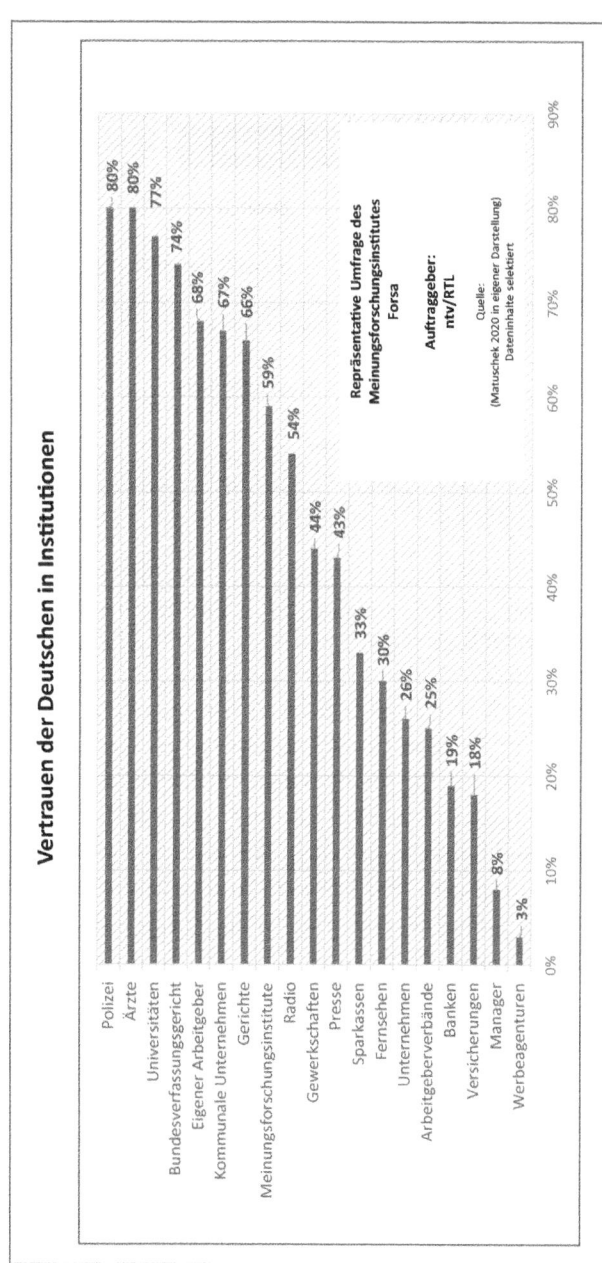

Abb. 3.2 Wem die Deutschen vertrauen. Auswahl der Ergebnisse einer Forsa-Umfrage im Auftrag von ntv/RTL: Vertrauen der Deutschen in Institutionen. (Quelle: nach Matuschek 2020, in eigener Darstellung)

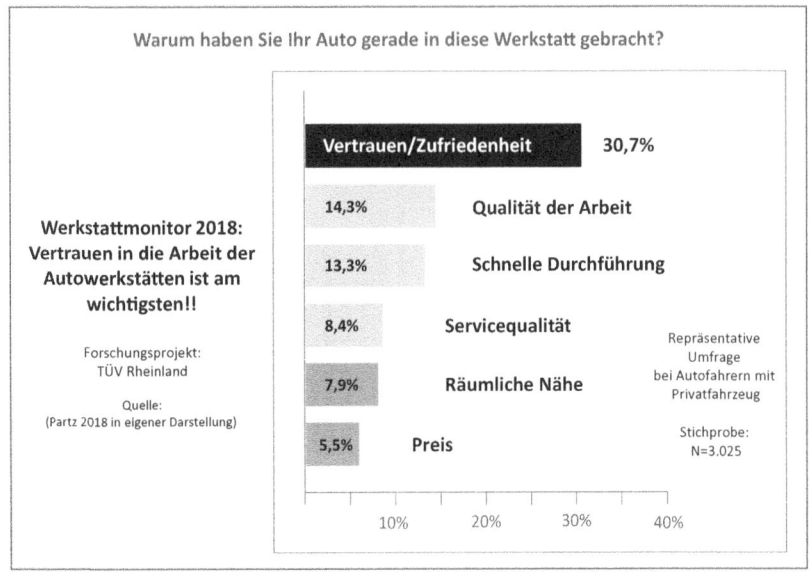

Abb. 3.3 Ergebnisse des „Werkstattmonitor 2018" des TÜV Rheinland. (Quelle: nach Partz 2018, in eigener Darstellung)

der Reihenfolge hat sich seit 2014 nahezu nichts verändert. Bemerkenswert ist aber die stetige Erosion des Vertrauens in den eigenen Arbeitgeber. Waren es 2014 noch 80 %, die dem eigenen Arbeitgeber vertrauten, so waren es in der aktuellen Studie (2018) nur noch 68 %.

Der TÜV Rheinland befragte innerhalb der Studie „Werkstattmonitor 2018" (Partz 2018) insgesamt 3025 private Autofahrer nach den Gründen, ihr Auto gerade in diese Werkstatt gebracht zu haben. Das Vertrauen ist das Kriterium Nummer #1 bei der Wahl des Autohauses oder des Servicebetriebs. Abb. 3.3 stellt die Ergebnisse grafisch dar.

Hier zeigt sich ein anderer wichtiger Aspekt: Kompetenz schafft zwar Vertrauen, wird aber häufig auch als eigenständiger Aspekt von Entscheidungen und Handlungen wahrgenommen.

Im betrieblichen Alltag wird in Bewerbungsgesprächen versucht, die fachliche und im besten Falle auch die soziale Kompetenz zu analysieren, um darauf eine Beurteilung für oder gegen eine Einstellung zu gründen. Wenn es nach Arbeitskollegen geht, ist der ideale Kollege, die ideale Kollegin kompetent (41 % Nennungen), ehrlich (39 % Nennungen), hilfsbereit (36 %), höflich (36 %) und freundlich (36 %). Dies besagt zumindest eine Studie, die das Marktforschungsunternehmen SPECTRA im Jahr 2011 (Spectra 2011) mit 1000 Probanden durchgeführt hat. Wenn ein Team vor die Wahl gestellt wird, einen fachlich sehr kompetenten Kollegen mit wenig Sozialkompetenz oder einen Kollegen mit einer geringen fachlichen, aber hohen Sozialkompetenz ins Team zu holen, wird meist der „nette", sozialkompetente Kollege ausgewählt.

Auch von Führungskräften wird erwartet, dass diese kompetent sind. Wenn der Boss die Tätigkeiten seines Teams nicht versteht, wird es aus meiner Erfahrung immer schwer, sich einen Rückhalt im Team zu erarbeiten. In meinen Coaching-Sitzungen höre ich durchaus häufig den Satz: „Der Chef hat von unseren fachlichen Aufgaben keine Ahnung." Diese fachlichen Defizite werden aber in der Regel nur dann zu einem echten Führungsproblem, wenn keinerlei soziale Kompetenzen beim Chef vorhanden sind.

Aus meiner Sicht fokussieren nach wie vor überproportional viele Vorgesetzte auf ihre fachlichen Kompetenzen. Gerade technisch ausgebildete Führungskräfte sind dafür besonders „anfällig". Die persönliche Wirkung – und dies erkennt man sehr schön an Topmanagern – entsteht durch das Zusammenspiel von fachlichen Kompetenzen und interpersonellen Fähigkeiten.

In meiner Generation, die der Babyboomer, wurde die Fachlichkeit als der dominante Erfolgsfaktor beschworen. Kombinationen aus naturwissenschaftlichen und wirtschaftlichen, geschweige denn geisteswissenschaftlichen Studien steckten entweder noch in den Kinderschuhen oder waren überhaupt noch nicht verfügbar. Die großen Gelehrten früherer Zeiten waren demgegenüber komplett anders aufgestellt. Albert Einstein, Isaac Newton und Marie Curie, um nur drei zu nennen, waren sowohl Wissenschaftler als auch Philosophen und meldeten sich darüber hinaus bezüglich gesellschaftspolitischer Themen zu Wort.

» **Persönliche Wirkung entsteht durch eine gute Balance aus emotionaler Präsenz und fachlicher Kompetenz.**

Kompetenz erzeugt Wirkung – ja, doch sie bleibt immer dann limitiert, wenn zur Fachlichkeit keine Emotion, kein interpersonelles Geschick und keine Fähigkeit, Vertrauen aufzubauen, dazukommen. Abb. 3.4 stellt diesen Zusammenhang in einfacher Weise dar.

Abb. 3.4 stellt die Faktoren der persönlichen Wirkung dar. Zum einen die fachliche Kompetenz, zum anderen die interpersonellen Fähigkeiten wie Empathie, Emotion und die Fähigkeit, Vertrauen aufzubauen. Wenn man sich stark auf die fachlichen Kompetenzen konzentriert und die interpersonellen Fähigkeiten nur wenig adressiert, erzeugt man eine Wirkung, die aber wie oben gesagt limitiert ist. Ein Mix aus 90 % fachlichen Kompetenzen und 20 % interpersonellen Fähigkeiten ergibt als Wirkung (Fläche unter der Kurve) einen Wert von 1800 (90 × 20 = 1800). Selbst wenn die Kompetenz weiter gesteigert werden sollte, bleibt die persönli-

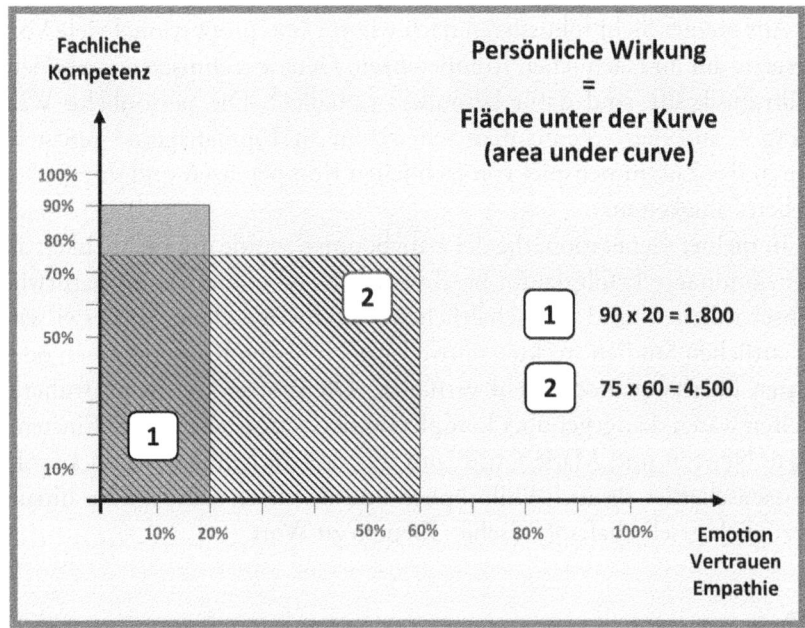

Abb. 3.4 Persönliche Wirkung als Funktion der fachlichen Kompetenz und der interpersonellen Fähigkeiten wie Empathie, Emotion und die Fähigkeit, Vertrauen aufzubauen. (Quelle: eigene Darstellung)

che Wirkung limitiert. Reduziert man aber den Kompetenzfokus zugunsten mehr Emotion, mehr Vertrauen und höherer Empathie, dann ergibt sich sofort ein anderes Bild. Die persönliche Wirkung steigt in dem Beispiel auf einen Wert von 4500 (75 × 60 = 4500). Auch diese Darstellung und die Zusammenhänge sind empirisch nicht belegt, und die Berechnung ist selbstverständlich mathematisch durchaus ungenau. Dennoch glaube ich, dass die qualitative Aussage und Ableitung der persönlichen Wirkung praktische Gültigkeit besitzen.

Zusammenfassung: Entwickeln Sie Ihre fachlichen und methodischen Kompetenzen stetig, doch bauen Sie nicht ausschließlich auf diese. Ihre persönliche Wirkung wird maßgeblich durch Ihre interpersonellen Kompetenzen und durch Ihre Fähigkeit, Vertrauen aufzubauen, bestimmt. Interessieren Sie sich für Ihr Umfeld, Ihr Team und die individuellen Aufgaben Ihrer Mitarbeiter. **Seien Sie eine berechenbare Führungskraft, die Worte durch Taten lebt, und erzeugen Sie persönliche Wirkung durch ein ausbalanciertes Verhältnis zwischen emotionaler Präsenz und fachlicher Kompetenz!**

3.2.2 Selbst-Vertrauen: Ich vertraue mir selbst (Kraftfeld 2)

Haben Sie Selbstvertrauen? Auf diese Frage reagieren die Zuhörer in meinen Vorträgen zumeist spontan mit „Ja, klar!". Wenn ich die Frage konkretisiere: „Vertrauen Sie sich selbst? Tun Sie das, was Sie sich vornehmen?", ist die Reaktion in aller Regel sofort deutlich zurückhaltender!

Das „sich selbst vertrauen" ist wie die Kompetenz (K) ein intrinsisches Kraftfeld und wirkt ebenfalls wie die Kompetenz auch gleichzeitig auf das Umfeld. Beide Kraftfelder sind immer vorhanden, ähnlich des Feldes eines Dauermagneten. Diese Magneten bestehen aus Metalllegierungen oder Ferriten und besitzen ein gleichbleibend hohes, permanentes Magnetfeld. In der Vertrauensformel wird das „sich selbst vertrauen" durch die Größe (I_1), für ICH repräsentiert.

$$V \sim K + (I_1 \cdot [W \cdot I_2 \cdot I_3 \cdot R \cdot E])^5$$

Vertrauen entsteht durch positive Erfahrungen mit Menschen. Das „sich selbst vertrauen" legt den Fokus zunächst einmal auf die Interaktion mit sich selbst. Das Kraftfeld steht deshalb wie das intrinsische Kraftfeld „Kompetenz" vor der eckigen Klammer, ist aber dennoch auch ein Faktor mit interaktiver Wirkung und fließt deshalb als Multiplikator in den Summanden der runden Klammer ein.

❯❯Ich kenne mich sehr gut. Wenn ich mir etwas vornehme, dann tue ich das auch.

Dadurch erzeugt man positive Erfahrungen mit Vertrauen und mit sich selbst, und es entstehen „Vertrauen in sich selbst", Selbstbewusstsein und Selbstwertgefühl. Gerade Leistungssportler werden wissen, wovon ich rede: lange Trainingseinheiten mit dem Fokus auf einer Bewegung, sei es der Absprung beim Skifliegen, die Rückhand im Tennis oder der Chip ins Grün beim Golfen. Zum einen dient dies der Automation, der wesentlicher wichtigere und häufig unterschätzte Aspekt ist aber mentaler Natur. Es gilt Vertrauen für genau diese Aktion, in diesen Bewegungsablauf zu entwickeln.

> **Beispiel – Golf**
>
> European Tour 2019 – ein Spieler nach einer Traumrunde von 63 Schlägen über 18 Löcher in der zweiten Runde des Turniers. Der Sportreporter im Interview: „Herzlichen Glückwunsch zu dieser tollen Runde. Das sah gestern mit den 73 Schlägen ja noch etwas schlechter aus! Was hat sich denn von gestern auf heute geändert?" Antwort Spieler: „Golf ist Tagesform, dennoch habe ich die verheerende Runde von gestern zusammen mit meinem Trainer analysiert. Es waren eindeutig die Pitches (Annäherungsschläge ins Grün) aus 60 bis 100 Meter. Wir haben gestern nach der Runde gefühlt 1000 Bälle gespielt, und ich habe mit jedem Schlag mehr Vertrauen in meine Pitches bekommen. Heute auf der Runde hat jeder dieser Schläge funktioniert. Ich habe alle nah an die Fahne gebracht und viele Einputts spielen können. Auf Ihre Frage: Ja, ich konnte meinen Pitches heute zu 100 % vertrauen." CUT!

Das Beispiel verdeutlicht, wie sehr Resultate von dem „sich selbst vertrauen" abhängen und wie positive Erfahrungen mit sich selbst dieses Vertrauen erzeugen. In einem Gespräch zwischen Sportmoderator Matthias Opdenhövel und Ex-Skispringer Dieter Thoma in der ARD anlässlich des Skispringens 2019 in Oberstdorf sinnierten die beiden über die Performance der deutschen Skispringer. In dem Gespräch mit einer Dauer von 90 Sekunden wurde das Wort „Vertrauen" sechsmal bemüht.

Abschrift der Diskussion

Matthias Opdenhövel: Wir wollen reden über die tolle Performance der deutschen Mannschaft gestern bei der Qualifikation. Besonders Stefan Leyhe und Markus Eisenbichler haben da ein amtliches Ausrufungszeichen gesetzt!

Dieter Thoma: Ja, Stephan Leyhe kommt immer mehr in Schuss, er hat das *Vertrauen* wieder zurückgefunden, ist der beste Deutsche gestern gewesen, auf Platz 3. Und Markus Eisenbichler auch schon Siebter im Training und dann Fünfter in der Qualifikation. Ja, und dann geht das unheimlich schnell, wenn das *Vertrauen* wieder zurückkommt, zu dem Material und zu dem eigenen Können; dann fliegt es sich wieder leichter, er ist wieder über dem Ski, und das macht dann auch viel mehr Spaß, und da sollte er jetzt ganz viel *Vertrauen* gefunden haben für heute (Wertungsspringen).

Matthias Opdenhövel: … und Karl Geiger ist sowieso ein Brett, also der hat eine tolle Performance in dieser Saison hingelegt. Heute sein Heimspiel in Oberstdorf. Aber wer momentan kein *Vertrauen* hat, ist Richard Freitag, der muss heute sogar zuschauen, das ist eine bittere Pille.

Dieter Thoma: Ja, das ist ganz bitter, also das tut mir auch persönlich sehr leid, weil, ich meine, vor zwei Jahren ist er als Weltcup-Führender hier an die Schanze gekommen, und jetzt geht gar nichts mehr. Und je mehr man probiert, desto mehr kann es auch in die falsche Richtung gehen. Dann bekommt man immer weniger *Vertrauen* ins eigene Können, ins Material, und das sieht so aus, als ob das System wie bei einem Drachenflieger falsch aufgehängt wäre, als wenn er so hinterherhinkt, und der kommt nicht drüber, und das ist dann auch für ihn schwierig am Schanzentisch, dass er weiß, ich krieg das jetzt nicht hin – und dann zieht er zurück. Man muss ihm das *Vertrauen* zurückgeben, vielleicht auch über das Material, vielleicht über Springen auf kleinen Schanzen. Das ist ein harter Weg, aber den muss er jetzt gehen.

Zusammengefasst: Vertrauen in das eigene Können und das Sport-equipment ist von großer Bedeutung für die persönliche Leistung eines Sportlers. Ergebnisse und positive Erfahrungen tragen zu diesem Vertrauen bei. Bei Richard Freitag empfiehlt Dieter Thoma sogar, sich auf kleineren, einfacheren Schanzen positive Erlebnisse zu holen, um dann sich und dem Material und dem ganzen System wieder vertrauen zu können. Vertrauen basiert auf positiven Erfahrungen mit sich selbst. Es stellt sich immer wieder die gleiche Frage: Kannst du dir selbst vertrauen, machst du positive Erfahrungen mit dir selbst?

Einen anderen Aspekt hat mir ein Gespräch mit George Orr, PGA-Professional (Golfclub St. Leon-Rot) zum Thema „Vertrauen in die eigenen Fähigkeiten" vor Augen geführt. Meine Frage lautete: „Wie vermittelst du deinen Sportlern Vertrauen in die eigenen Fähigkeiten und den eigenen Schwung?" George: „Wenn du zu deinem Schlag und deiner Schwungbewegung kein Vertrauen hast, dann versuchst du alles zu kontrollieren. Das ist letztendlich aber nicht möglich, denn dazu ist der Golfschwung einfach zu komplex. Es gilt also Vertrauen in den Schwung und den Bewegungsablauf zu bekommen. Dann muss ich mich als Golfer nur noch auf das Ziel konzentrieren und der Schwung läuft von selber." Erinnern Sie sich an die Auseinandersetzung mit Vertrauen und betrieblichen Prozessen? „Misstrauen macht alles schwer, Vertrauen macht alles leicht." Genau das kommt interessanterweise auch im Sport zum Tragen. Bleiben wir beim Golf: Wenn ich Vertrauen in meinen Golfschwung habe, mache ich mir keine Gedanken um die Schwungdetails, und es funktioniert einfach. Habe ich demgegenüber aber kein Vertrauen in die Schwungbewegung, dann versuche ich, alles zu kontrollieren, verkrampfe, und am Ende – das wird mir jeder Golfer unter den Lesern bestätigen – funktioniert nichts mehr.

❱❱ Vertrauen macht Prozesse und Abläufe schnell.

Das „sich selbst vertrauen" entfaltet aber neben der intrinsischen Wirkung eine weitere. „Sich selbst vertrauen" ist eine Voraussetzung für die Bereitschaft, anderen Menschen vertrauen zu können (Luhmann 2014).

»Wie kann ich auf die Idee kommen, dass mir ein anderer Mensch vertraut, wenn ich mir nicht selbst vertraue?

Wenn andere Menschen wahrnehmen, dass ich ihnen vertraue, dann setzt sich eine positive Entwicklung in Gang. Am Ende dieser steht die Tatsache, dass mir andere Menschen verstärkt ihr Vertrauen schenken. „Sich selbst vertrauen" erzeugt quasi eine positive Spirale. Sie haben recht: Das klingt fast nach einem Perpetuum mobile!

Abbildung 12 beschreibt das „sich selbst beeinflussende" System der Vertrauensbildung und der Vertrauenswirkung ausgehend von dem „sich selbst vertrauen". In der Technik und Elektronik nennt man so etwas „Closed-Loop-System". Das System dreht sich in sich und steuert sich selbst. Folgende drei „Loops" können postuliert werden und sind in Abb. 3.5 grafisch dargestellt.

In Loop 1 wird das Gefühl „Ich vertraue mir selbst" gestärkt. Durch mein Handeln mache ich positive Erfahrungen, die mich in Bezug auf das persönliche Vertrauen stärken. Loop 2 stärkt das persönliche Selbstvertrauen. Loop 3 betrifft die Interaktion mit anderen. Durch positive Erfahrungen mit mir selbst und die Fähigkeit, anderen zu vertrauen, wird mir als Reaktion zunehmend viel Vertrauen entgegengebracht.

Loop 1:

* Ich lerne mir selbst zu vertrauen.
* Meinen Worten lasse ich Taten folgen.
* Ich mache positive Erfahrungen mit mir und mit Vertrauen.
* Diese positiven Erfahrungen stärken mein Gefühl, mir selbst vertrauen zu können.

Loop 2:

* Ich lerne mir selbst zu vertrauen.
* Meinen Worten lasse ich Taten folgen.

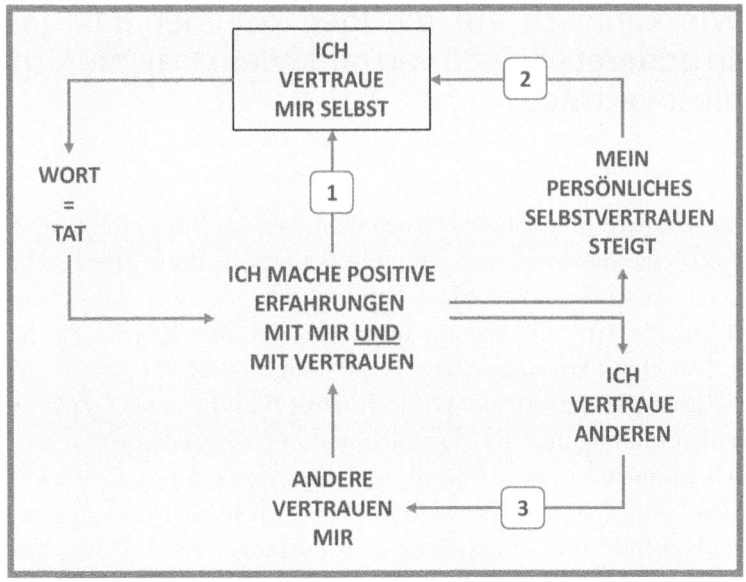

Abb. 3.5 Wirkmechanismen des Kraftfeldes „Ich vertraue mir selbst". (Quelle: eigene Darstellung)

- Ich mache positive Erfahrungen mit mir und mit Vertrauen.
- Durch diese positiven Erfahrungen stärken sich mein persönliches Selbstvertrauen und Selbstwertgefühl.

Loop 3:

- Ich lerne mir selbst zu vertrauen.
- Meinen Worten lasse ich Taten folgen.
- Ich mache positive Erfahrungen mit mir und mit Vertrauen.
- Durch die positiven Erfahrungen entwickelt sich die Fähigkeit, auch anderen zu vertrauen.
- Weil ich anderen vertraue, steigt die Bereitschaft bei meinen Gesprächspartnern, wiederum mir zu vertrauen.

Zusammenfassung: Gehen Sie kleine Schritte und machen Sie bewusst positive Erfahrungen mit Vertrauen und mit sich selbst – lernen Sie sich selbst zu vertrauen. Mit der sich entwickelnden positiven Einstellung zum Thema Vertrauen beginnen Sie bewusst oder unbewusst, anderen Menschen zu vertrauen. Nutzen Sie dabei explizite, unmissverständliche Aussagen!

» Frau Kilgerer, ich übertrage Ihnen diese Aufgabe. Ich habe volles Vertrauen in Sie.

Erleben Sie die Stärke, die Verbindlichkeit und die Motivation, die aus dem „Vertrauen geben" in Ihrem Umfeld und in Ihrem Team entstehen werden. Freuen Sie sich auf das Vertrauen, das Ihnen entgegengebracht werden wird.

3.2.3   Wertschätzung (Kraftfeld 3)

Ohne Wertschätzung ist aus meiner Sicht kaum ein Vertrauensverhältnis denkbar. Wertschätzung und Anerkennung sind eng mit dem Bedürfnis nach Bindung sowie der Selbstwerterhöhung verbunden. Wertschätzung ist aber deutlich mehr als Lob bzw. Anerkennung für eine Leistung, eine Fähigkeit oder ein erzieltes Ergebnis. Gerne wird in diesem Zusammenhang über die Vermittlung von Wertschätzung mittels ausgesprochener Anerkennung sinniert. Ich glaube, dass nicht selten Wertschätzung und Feedback miteinander verwechselt werden. Auch die Reduktion von Wertschätzung auf das Niveau eines Führungswerkzeugs, umgesetzt durch Belohnungs- und Belobigungssysteme, ist aus meiner Sicht eine komplette Fehlinterpretation.

Wertschätzung sehe ich als etwas Übergeordnetes an, das heißt eine übergeordnete Einstellung und innere Haltung gegenüber Menschen, aber auch anderen Lebewesen, Pflanzen und vielleicht auch der Schöpfung gegenüber. Ich möchte jetzt nicht humanistisch klingen oder den Bogen zu weit spannen. Gelebte Wertschätzung bedeutet für mich, stets positiv, unvoreingenommen und mit Freude auf Menschen zuzugehen. Sie drückt sich aus, wird sichtbar durch das persönliche Verhalten, Denken und Kommunizieren. Gelebt ist Wertschätzung ein wichtiger Faktor in der Befriedigung psychischer Grundbedürfnisse (Zugehörigkeit, Autonomie, Selbstwerterhöhung) und unabdingbar für die Entstehung von Vertrauen. In der Vertrauensformel ist Wertschätzung durch die Größe (W) repräsentiert und ein Multiplikator des zweiten Summanden. Ist die Wertschätzung nicht vorhanden, sprich „Null", wird die gesamte Klammer ebenfalls den Wert Null ergeben.

$$V \sim K + (I_1 \cdot [W \cdot I_2 \cdot I_3 \cdot R \cdot E])^5$$

Passt auch auf den Begriff Wertschätzung das Bild des Kraftfeldes? Ein klares „Ja", denn durch ein wertschätzendes Verhalten, Denken und Kommunizieren wird ein Kraftfeld aktiviert, welches positiv auf Menschen wirkt, Aufmerksamkeit erzeugt und den Boden für die Entwicklung von Vertrauen bildet. Das Kraftfeld wird getragen durch folgende Aspekte:

- positives Menschenbild leben
- Menschen wahrnehmen
- Leistungen und Beiträge sehen, würdigen und explizit benennen
- empathisch sein und Gefühle wahrnehmen
- eine positive Denkweise leben
- Menschen gut aussehen lassen
- gewaltfrei und wertschätzend kommunizieren
- verzeihen können
- eine Kommunikation leben, die ohne Rechtfertigung und Verteidigung auskommt
- Verantwortung übernehmen

Natürlich ist diese Liste nicht vollständig. Manche Aspekte wie das Feedback, das Beteiligen und Informieren habe ich dem Kraftfeld „Information und Transparenz" (I_3) zugeordnet. Andere Aspekte wie die Zuverlässigkeit und Vertraulichkeit habe ich dem Kraftfeld „Respekt" (R) zugeschlagen. Geschuldet ist diese Aufteilung der Übersichtlichkeit und meinem Ansatz, eine Strukturierung der verschiedenen Begriffe zu erreichen, obwohl mir selbstverständlich bewusst ist, dass es keine klare Trennschärfe gibt. Ich hoffe, die Verständlichkeit profitiert davon.

Positives Menschenbild pflegen
In Abschn. 2.5 stellte ich bereits den Ansatz der X-Y-Theorie von McGregor vor (Olfert 2008). Je nachdem, was Vorgesetzte über die Einstellung ihrer Mitarbeiter zur Arbeit denken, resultiert daraus ein anderer Führungsstil und ein unterschiedlicher Umgang mit ihnen. Dadurch erzeugt man genau das Verhalten, von dem man ausgegangen ist.

> **》Wertschätzung heißt, ein positives Menschenbild zu pflegen.**

Wertschätzung gründet immer auf einem positiven Menschenbild, das heißt, man geht stets davon aus, dass der Mensch positiv eingestellt ist und gute Absichten verfolgt. Deshalb sollte man immer unvoreingenommen und ohne Vorurteile auf Menschen zugehen.

Menschen wahrnehmen und Leistungsbeiträge würdigen
Wertschätzung wird allein schon durch die Wahrnehmung einer Person erzeugt. Menschen wahrnehmen bedeutet, dass man die Aufmerksamkeit für die Menschen in seiner Umgebung nicht von ihrer Wichtigkeit, ihrem Rang oder der Tatsache, dass man etwas von dieser Person braucht, abhängig macht. Jeder im Unternehmen verdient ein „Guten Morgen", unabhängig davon, wie das Meeting am gestrigen Tage lief oder ob die Person im Gang „nur" der Hausmeister ist. Wer seine Wahrnehmung und Wertschätzung individuell anpasst, lebt einen wirklich schlechten und nicht wertschätzenden Verhaltens- und Kommunikationsstil vor. Es gibt durchaus Menschen in Unternehmen, die die Reinigungskräfte nicht grüßen. Aus meiner Perspektive stelle ich mir die Frage: Warum? Das Reinigungspersonal kümmert sich darum, dass die Gänge und Räume, teilweise auch Besprechungszimmer über den Tag hinweg immer sauber sind. Sie sorgen dafür, dass externe Gäste ein positives Bild vom Unternehmen und Standort bekommen und polieren so das Image auf. Allein das rechtfertigt das Wahrnehmen und Wertschätzen! Auch gilt es Menschen als Individuum wahrzunehmen. Sie erinnern sich an das psychologische Grundbedürfnis der Autonomie? Menschen

wahrnehmen bedeutet auch, sie als Individuum zu erkennen und nicht in der Gesamtbewertung einer Gruppe versinken zu lassen. Deshalb sind verallgemeinernde Aussagen wie „Alle Verkäufer wollen dich übers Ohr hauen oder dir etwas aufschwätzen" vorurteilsbehaftet und geringschätzend. Ich kann mich noch gut an eine Situation in meinem ersten Jahr im Vertrieb erinnern.

Beispiel – Klinik

Großklinikum in Bayern, morgens 10:30 Uhr Intensivstation. Ich stehe vor der Tür zu der anästhesiologischen Intensivstation und will mit der leitenden Pflegekraft über die Terminierung einer Fortbildung (Patienten-Monitoring) sprechen. Ich drücke die Klingel und höre im Inneren die Glocke. Eine Stimme begrüßt mich wortwörtlich mit: „Was wollen Sie?" Ich antworte: „Guten Morgen, mein Name ist Wolfram Schön von der Firma Abbott. Ich hätte gerne Herrn Thon gesprochen (Name fiktiv gewählt)." Es knistert, aber die Verbindung nach innen steht noch. Dann höre ich über die Sprechanlage: „Heinz, da ist schon wieder so ein Vertreter – brauchst du was?" CUT!

Eine positive Denkweise leben

Sie werden mir beipflichten: Wertschätzung hört sich irgendwie anders an. Trotz eines solchen Erlebnisses gilt es positiv zu bleiben und die Situation nicht persönlich zu nehmen. Aus meiner Sicht, nicht in den Konflikt gehen, sondern diese Person jederzeit freundlich behandeln. Rache- und Revanchegelüste? Ich denke, nein. Eine positive Denkweise ist wertschätzend und nicht von der persönlichen Tagesform abhängig. Und selbst an emotional dunklen Tagen kann man sich mit ein paar guten Gedanken und einem Schuss Freundlichkeit selbst aus dem Sumpf des negativen Denkens herausziehen.

Zum positiven Denken gehört außerdem die Bereitschaft, Verständnis für andere und deren Gefühlslage aufzubringen. Das Bewerten und Kritisieren eines Mitmenschen, weil dieser vielleicht nicht so enthusiastisch wie erwartet reagiert, erzeugt emotionalen Druck und ist wenig empathisch. Wie erfüllend positives Denken und die Bereitschaft, Verständnis zu zeigen, sein können, führte mir die Beschreibung einer jungen Ärztin vor Augen: „Es gibt mir eine innere Ruhe und Zufriedenheit, wenn ich auf meiner Station schlechter Stimmung und Unzufriedenheit anderer mit Verständnis begegne. Denn ich merke, wie sich dadurch bei den meisten Menschen die negative Gedankenspirale löst, und das ist ein sehr schönes Gefühl."

Menschen gut aussehen lassen

Manche Menschen reden schlecht über andere, ihr Umfeld, das Unternehmen. Sie zitieren Kollegen in abfälligem Ton oder äffen sie mit Gesten und Grimassen nach. Als Entschuldigung lasse ich gelten, dass diesen Menschen ihr Tun nicht immer bewusst ist. Ein Coach kann dabei helfen, eine Selbstreflexion zu etablieren, damit genau solche Situationen nicht passieren. Ich habe schon etliche Führungskräfte erlebt, die alleine durch Selbstreflexion ihr Verhalten änderten. Viele berichteten hinterher, das Gefühl zu haben, nun weniger Konflikten ausgesetzt zu sein, und dass die zwischenmenschlichen Beziehungen positiver und mit weniger Anstrengung verlaufen.

»Wenn man andere gut aussehen lässt, sieht man auch selbst gut aus. Wenn man andere mit Dreck bewirft, bleibt meist auch an uns etwas haften.

Verantwortung übernehmen

Andere gut aussehen lassen bedeutet auch, andere nicht zu Unrecht oder als Ablenkungsmanöver mit in die Verantwortung zu ziehen. Es gilt die Verantwortung für das Gelingen, aber auch für das Versagen gleichermaßen zu übernehmen. Wer etwas gut gemacht hat, der kann es auch sagen, sollte dabei jedoch auch die Unterstützer und Teammitglieder nennen. Dies bezieht andere in den Erfolg mit ein und sendet zwei Signale: Erstens, ich bin kein Egoist, denn ich weiß sehr wohl, wer mich auf dem Weg zum Erfolg unterstützt hat. Besonders ausgeprägt ist dieses Verhalten bei erfolgreichen Sportlern. Diese wissen meist sehr gut, welch großen Anteil das Team am Erfolg hat. Ich stelle immer wieder fest, dass solche Sportler ausgesprochen positiv und sympathisch auf mich wirken. Zweitens wird signalisiert, dass man im gemeinsamen Interesse und an den gleichen Zielen arbeitet, ganz im Sinne der Definition von Vertrauen.

> »Vertrauen ist die Zuversicht, dass ein anderer berechenbar im gemeinsamen Interesse handelt.

In den USA ist das Thema „Verantwortung übernehmen" noch deutlich wichtiger. Die Fehlerkultur ist weitaus ausgeprägter als in Deutschland. Jeder kann einen Fehler machen, eine Pleite hinlegen. In der Verarbeitung des Fehlers sind aber Ehrlichkeit und das „Verantwortung übernehmen" außerordentlich wichtig. Besonders negativ wird bewertet, wer versucht, etwas zu vertuschen und von der eigenen Verantwortung abzulenken. Deshalb sehen wir immer wieder Pressekonferenzen, in denen sich eine Persönlichkeit für ihr „unangebrachtes Verhalten" entschuldigt, die volle Verantwortung übernimmt und eine Maßnahme zur Überwindung der Probleme ankündigt. Mir ist besonders die Pressekonferenz des US-amerikanischen Profigolfers Tiger Woods in Erinnerung. Er gesteht seine Sexsucht, entschuldigt sich bei seiner Familie, bei Freunden und der Öffentlichkeit und kündigt am Schluss eine Therapie an. Jahre später ist er zurück an der Weltspitze, wirkt positiver denn je, lacht und ist in der Golf-Community wieder voll integriert und wertgeschätzt.

Wertschätzend kommunizieren – ohne Rechtfertigungs- und Verteidigungsdruck
Wenn man in verschiedenen Unternehmen Projekte oder Workshops durchführt, fällt einem der durchaus unterschiedliche Kommunikationsstil besonders auf. In Unternehmen „A" wird diskutiert, zugehört, und Meinungen wie auch mögliche Lösungen werden konstruktiv ausgetauscht. In einem anderen Unternehmen „B" wiederum geht es um Probleme, Schuldige, und ein deutlicher Rechtfertigungs- und Verteidi-

gungsdruck liegt in der Luft. Wertschätzende Kommunikation kommt ohne Schuldige aus und auch ohne das Gefühl, sich verteidigen zu müssen.

» Wertschätzende Kommunikation erzeugt nie das Gefühl, sich verteidigen zu müssen.

Immer wenn sich das Umfeld, Kollegen oder Teammitglieder rechtfertigen und verteidigen, läuft die Kommunikation nicht wertschätzend ab bzw. wird nicht als solche wahrgenommen. „Herr Müller, warum haben Sie das nicht erledigt?" Ein klassischer Satz, der mit Sicherheit eine Verteidigungshaltung bei Herrn Müller auslöst. Er sieht sich auf der Anklagebank, die Schuldfrage ist geklärt, und die Situation lässt keine weiteren Deutungen zu. Anders verläuft die Kommunikation mit Frau Schneider: „Frau Schneider, was hat Sie daran gehindert, die Aufgabe zu erledigen?" Die fragende Person geht in der Formulierung nicht von Vorsatz aus! Was hat Sie gehindert? – es geht also nicht um die Person, sondern um das Verstehen; die Diskussion bleibt auf einer sachlichen Ebene.

Wird wertschätzend kommuniziert, haben Vorwürfe, Schuldzuweisungen und das einseitige Bewerten keinen Platz. Stattdessen ist die Kommunikation geprägt von Verständnis, von der Klärung der persönlichen Situation, dem Interesse am Gesprächspartner und dem grundsätzlichen Ansatz, über Optionen und Lösungen offen zu diskutieren.

3.2.4 Interesse (Kraftfeld 4)

Mitarbeiterengagement, Arbeitsmotivation und ein positives, leistungsförderndes Betriebsklima sind wichtige Faktoren erfolgreicher Unternehmen. Aus diesem Grund beschäftigen sich auch viele Entwicklungsmaßnahmen für Führungskräfte mit den Themen Mitarbeitermotivation und -bindung. Diskutiert werden Modelle und persönlichkeitsorientierte Ansätze, wie Motivation entsteht, um Führungskräfte genau in diesen Themen zu Champions zu machen. Da ich die Resultate der Motivationsversuche vieler Führungskräfte sehe, halte ich es mit Reinhard Sprenger, der der Meinung ist, dass Motivation, wenn überhaupt, nur in sehr geringem Maße extrinsisch erzeugt werden kann.

Doch warum ist das Thema Motivation in Zusammenhang mit dem Thema Vertrauen und Interesse zu suchen? Sollte das Zeigen von Interesse, das Interessehaben in der Lage sein, das Arbeitsklima zu verbessern und Motivation auszulösen? Meine Antwort: uneingeschränkt ja. Es ist bekannt, dass ich wie oben und in Kap. 2 beschrieben, nicht an externe Motivation, also die Motivation durch äußere Anreize (Geld, Auto), glaube. Interessiert sich eine Führungskraft nur für sich, investiert sie keine Zeit in ihr Team und den einzelnen Menschen, erzeugt sie keinerlei Kraftfeld in ihrer Umgebung.

> **» „Ich habe keine Zeit für mein Team und andere Menschen" – der sichere Weg, ein Wirkungszwerg zu werden.**

Der Weg, die Stärke und Reichweite des persönlichen Kraftfeldes erheblich zu steigern, heißt: Interesse haben. Interesse ist eine Form der Anerkennung. Ehrliches Interesse ist in der Lage, die vier psychischen Grundbedürfnisse zu adressieren bzw. zu befriedigen.

> **» Wer sich für andere interessiert, holt den Gesprächspartner in das eigene Kraftfeld. Das resultierende Kraftfeld ist stärker als die beiden einzelnen zusammen.**

Interessiert sich jemand für mich, fühle ich Zugehörigkeit. Die Selbstwerterhöhung entsteht durch das Interesse an meiner persönlichen Meinung, meinen Erlebnissen und meinen Einschätzungen. Durch das Fokussieren auf MICH als Individuum wird das Bedürfnis nach Autonomie befriedigt. Die Lustbefriedigung entsteht durch die gefühlte Attraktivität, die alleine schon durch die Tatsache entsteht, dass sich eine Person für mich interessiert.

Ich habe die letzten vier Sätze bewusst aus der Perspektive „Ich" gewählt, und ich bin mir sicher, dass durch die Aufzählung deutlich wird: Wer sich für andere interessiert, holt den Gesprächspartner in das eigene Kraftfeld, und das resultierende Kraftfeld ist stärker als die beiden einzelnen zusammen. Und in dem Kraftfeld reagieren sowohl Mitarbeiterinnen und Mitarbeiter, Kolleginnen und Kollegen als auch Vorgesetzte auf das entgegengebrachte Interesse mit Motivation, Zufriedenheit und Offenheit. Interesse fördert zudem ein positives, stressreduziertes Arbeitsklima, und es entsteht Vertrauen zwischen den Akteuren.

Doch wie setzt man das Thema „Interesse" um? Auf meine Empfehlung: „Stellen Sie Fragen", bekomme ich häufig erwidert: „Aber ich will doch niemanden ausfragen." Wie vorne bereits erwähnt, es geht hier nicht um geheucheltes Interesse und Pseudofragen. Echtes Interesse stellt den Gesprächspartner in den Fokus der Interaktion und in den Mittelpunkt der Fragen. Es geht um das aktive Fragen, Zuhören, Nachfragen und das Merken von Details. Dann werden die Fragen mit Sicherheit nicht als ein Ausfragen wahrgenommen.

In der Vertrauensformel wird das „Interesse an anderen Menschen" durch die Größe (I_2) abgebildet und ist ein Multiplikator des zweiten Summanden. Ist das Interesse „Null", bin ich also nur an mir selbst interessiert, denke ich lediglich in Ego-Dimensionen, dann wird die gesamte Klammer ebenfalls den Wert Null annehmen.

$$V \sim K + (I_1 \cdot [W \cdot I_2 \cdot I_3 \cdot R \cdot E])^5$$

Das Kraftfeld „Interesse" baut sich durch echtes, ehrlich gemeintes Interesse an anderen Personen und dem Umfeld auf. Über welche Blumen freut Ihre Frau sich am meisten, was ist der Lieblingssport Ihres Mannes und wie heißt der Freund Ihrer Tochter? Wissen Sie, dass der manchmal komplett überdrehte Mitarbeiter in seiner Freizeit behinderte Menschen bei der Bewältigung ihres Alltags unterstützt? Nein? – Dann haben Sie vielleicht noch nie wirklich nachgefragt. Es gilt die eigenen Ego-Barrieren einzureißen und sich für andere Menschen zu interessieren. Vielleicht probieren Sie es einfach mal aus:

- Stellen Sie Fragen!
- Hören Sie zu!
- Nehmen Sie Bezug auf das Gesagte!
- Merken Sie sich Gesagtes und kommen Sie später darauf zurück!
- Nehmen Sie die Situation des anderen wahr!

Im Kündenkontakt wird es als Kardinalsfehler gesehen, sofort und ohne Umschweife in die Produktbeschreibung einzusteigen oder die Vorteile des Produktes zu nennen. Obwohl die meisten Vertriebsleute geschult sind, dies nicht zu tun, kommt es trotzdem häufig vor. Doch ist das so schlimm? Aber ja! Fragt der Verkäufer nicht nach der speziellen Kunden- oder Bedarfssituation, wie kann er dann ein geeignetes Produkt für den Kunden aussuchen? Bei der Geburtstagskarte ist noch alles o. k., denn die Fragen ergeben sich selbstredend. Alter des Geburtstagskinds, Geschlecht, Vorlieben und Stil – und schon ist die „richtige", weil passende Karte gefunden. Doch je komplexer die Produkte werden, desto leichter scheint man in die Faktenbeschreibung und in das vorschnelle Empfehlen eines Produktes zu stolpern. Im Januar 2020 habe ich in einem ZDF-Verbrauchermagazin eine Vergleichsanalyse zweier Matratzenhersteller gesehen.

Beispiel – Kauf einer Matratze

In dem Beitrag wurden die beiden Unternehmen „Matratzen Concord" und „Dänisches Bettenlager" verglichen. Ein Unternehmen ging dabei als klarer Champion hervor. Der Anbieter hatte nicht nur nach dem persönlichen Gewicht gefragt, sondern auch nach den Schlafgewohnheiten, der Schlaflage (Bauch/Rücken) sowie nach schlaf- und gesundheitsbedingten Herausforderungen (z. B. Schlafapnoe, Schnarchen, Rückenprobleme). So konnte der Berater die richtige Matratze empfehlen, und der Kunde fühlte sich gut aufgehoben und verstanden.

>> Der Zug des Desinteresses an anderen Menschen führt immer in einen dunklen Tunnel, und manchmal endet er auch darin.

Dieses Beispiel führt direkt zu einem weiteren wichtigen Aspekt des Themenbereichs „Interesse & Vertrauen". Fragen und das wirkliche Interesse an Menschen dienen dem Verständnis der persönlichen Situation des Gegenübers, der Mitarbeiterin, des Mitarbeiters oder des Kunden. Nur dann, wenn die Situation verstanden ist, entsteht eine Basis dafür, auch das Verhalten, die Denkweisen und die Herausforderungen anderer Menschen zu verstehen. Und genau dieses Verständnis der Situation ist die Basis für ein gelingendes Miteinander, für produktive Verhandlungen, erfolgreiche Angebote und passgenaue individuelle Lösungen.

Abb. 3.6 beschreibt das Gesagte. Es gilt zunächst die Situation zu klären. Daraus entsteht das Verständnis für die Herausforderungen, denen

Abb 3.6 Situation geht vor Lösung. (Quelle: eigene Darstellung)

der Kunde, der Gesprächspartner oder das Kundenunternehmen ausgesetzt ist. Auf dieser Basis wiederum entstehen passende Lösungen. Das „Warum ich" ist dann im vertrieblichen Umfeld die Beschreibung, warum man selbst die beste Partnerwahl ist. Ich möchte betonen: Wenn man die ersten drei Schritte sorgfältig bewältigt hat, entwickelt sich auf der Kundenseite fast zwangsläufig die Erkenntnis, dass man der ideale Partner sein kann.

**》 „Solange man selbst redet, erfährt man nichts."
– Marie von Ebner-Eschenbach (österreichische Schriftstellerin psychologischer Erzählungen)**

Viele erfolgreiche CEOs berichten nach dem Eintritt in ein neues Unternehmen darüber, dass sie in den ersten Monaten im neuen Unternehmen nur gefragt und zugehört hätten. Dass sie Zeit mit Mitarbeitern, Kunden und anderen Stakeholdern verbracht hätten, um letztendlich etwas über deren persönliche Situation, deren Herausforderungen und deren Sichtweise auf das Unternehmen zu erfahren. Eine richtige und empfehlenswerte Art des Einstiegs in ein neues Unternehmen! Wer demgegenüber aktionsbetont sofort losrennt, der signalisiert dem Umfeld: „Ich weiß schon alles, und ich weiß besser als alle anderen, was zu tun ist." Springen Sie nicht auf einen solchen Zug auf. Dieser Zug führt in einen dunklen Tunnel, und manchmal endet er auch darin.

》 Fragen sind die strukturierte Seite der Empathie.

3.2.5 Informationen und Transparenz (Kraftfeld 5)

Das Kraftfeld „Information" enthält viele Aspekte, die gerade in Projekten und in der Führungskommunikation beträchtlichen Einfluss darauf haben, ob Vertrauen entsteht. In der Führungskommunikation wird die Relevanz des Themas Vertrauen nur selten hinterfragt, zu eindeutig sind die Erfahrungen aus dem Privaten, wenn eben fehlendes Vertrauen alles lähmt. Im Projektmanagement und in Veränderungsprozessen liegt die Notwendigkeit von Vertrauen für das Gelingen nicht so klar auf der Hand. Bereits in den Abschn. 1.3 und 1.4 wurde detailliert darauf eingegangen.

Das Herstellen von Transparenz und das Sichern einer hohen Qualität des Informationsflusses haben gerade in Projekten, in der Führungskommunikation und in der Gruppendynamik beträchtlichen Einfluss auf das Gelingen zwischenmenschlicher Kommunikation. Das Herstellen von Transparenz, das Informieren und das Beteiligen von Stakeholdern oder Betroffenen in Projekten und Veränderungsprozessen sind auch essenziell für das Entstehen von Vertrauen und letztendlich für den Erfolg von Projekten und Veränderungsprozessen.

In der Vertrauensformel ist das Kraftfeld (I_3) ein Multiplikator des zweiten Summanden. Wird kein Wert auf Information und Transparenz gelegt, wird die gesamte Klammer einen niedrigen Wert annehmen.

$$V \sim K + (I_1 \cdot [WI_2 \cdot I_3 \cdot R \cdot E])^5$$

Doch hat das Thema Information wirklich einen so hohen Stellenwert? Darauf möchte ich mit einer Frage antworten: Haben Sie schon einmal eine vertrauensvolle Beziehung oder ein erfolgreiches Projekt erlebt, das durch Geheimniskrämerei, Alleingänge und einen schleppenden Informationsfluss geprägt war? Ich denke nicht. Das Kraftfeld wird konkret durch folgende Aspekte getragen:

Transparenz   → uneingeschränktes Herstellen von Klarheit und Durchschaubarkeit einer Sache
Beteiligung   → Team, Betroffene und Stakeholder beteiligen
Informieren   → das Umfeld umfassend informieren
Feedback   → Feedback geben

Feedback
Über Feedback gibt es viel Literatur. Ich möchte deshalb lediglich auf die positive Wirkung von Feedback im Zusammenhang mit der Entwicklung von Vertrauen eingehen. Feedback ist sowohl im technischen als

auch im zwischenmenschlichen Kontext eine Rückkopplung oder Rückmeldung. Man tut etwas und erhält ein Feedback. Wenn man auf das Gaspedal eines Autos tritt, erhält man ein Feedback von dem Wagen – er beschleunigt. Im Zwischenmenschlichen geht es eher um die Themen Verhalten, Leistung und wie diese von anderen wahrgenommen werden.

Feedback sollte konkret, anlassorientiert und immer wertschätzend formuliert sein. Besonders betonen möchte ich einen Punkt: Es sollte stets explizit erfolgen. Was fällt bei den folgenden Feedbacks auf? „Schatz, das Essen war heute Abend wieder sehr gut." „Herr Johann, die Präsentation war wirklich gelungen." Ich denke, wir würden die beiden Sätze sofort kaufen. Doch Moment! Wer wird hier eigentlich gelobt? Im ersten Fall wird das Essen gelobt, im zweiten die Präsentation. Das ist implizit formuliertes Feedback. Implizit bedeutet, dass man nochmals „eine Schleife" drehen muss, bevor man zum Kern der Aussage kommt. Explizites Feedback ist wesentlich treffender, persönlicher und in seiner Wirkung auch bedeutend stärker. Man lobt nicht das Essen, sondern den Koch, man lobt nicht die Präsentation, sondern den Vortragenden. „Schatz, du hast toll gekocht", „Herr Johann, Sie haben ausgezeichnet präsentiert" – das ist explizites Feedback.

>> **Loben Sie nicht den Kuchen, sondern den Bäcker, denn nur explizites Feedback trifft ohne Umwege ins Schwarze.**

Führungskräfte neigen nicht selten dazu, positives Feedback zu unterschätzen. Ich merke dies immer wieder in Workshops zur „Gefährdungsbeurteilung psychischer Belastung", die ich als Unternehmensberater häufig durchführe. Ein Zitat aus dieser Arbeit: „Herr Schön, zum Thema ‚wenig Feedback' – soll ich jetzt täglich jeden meiner Mitarbeiter einmal loben? Das ist doch lächerlich!" Dieses Zitat zeigt die Reduktion von Feedback auf „einfach nur loben". Mit Feedback setzt man starke Signale. Man signalisiert Interesse und Respekt gegenüber der Leistung und richtet den Empfänger des Feedbacks strategisch aus. Auch unterstützt man die fachliche oder emotionale Entwicklung und überträgt POWER PUR auf den Empfänger. Wo so viel Energie fließt, dort entsteht auch immer ein stabiles, von Wertschätzung und Achtung getragenes Fundament, auf dem Nähe und Vertrauen entstehen können. Dies gilt in der Führungskommunikation, im privaten Miteinander und natürlich auch in Projekten und Veränderungsprozessen.

Zusammenfassung: Nein, man muss nicht jeden Tag seine Mitarbeiter loben. Doch wenn Sie sich mit Ihrem Umfeld ernsthaft auseinandersetzen, Menschen besser machen wollen, dann wird wertschätzendes und gezieltes Feedback zu Ihrer „täglichen" Führungskommunikation einfach dazugehören.

Transparenz, Beteiligung, Information
Transparenz herstellen, Menschen beteiligen und sich für einen umfassenden Informationsfluss verantwortlich fühlen: Das rettet fast jedes Projekt. So weit, so gut, doch was steckt hinter dieser „provokanten" Aussage?

Es kann festgestellt werden, dass viele Reorganisations-, Veränderungs- und IT-Projekte die gesteckten Ziele nur zum Teil erreichen oder gar scheitern. Die Gründe für das Scheitern sind vielschichtig (siehe Abschn. 1.3 und 1.4). Doch sind es für gewöhnlich nicht inkompetente Projektleiter oder der fehlende Wille des Teams, das Projekt zu einem erfolgreichen Ende zu führen. Die meisten Projekte scheitern, weil sie in der Umsetzungs- und Implementierungsphase von Betroffenen nicht unterstützt werden. Der Großteil der technischen Projekte wird als Technologieprojekte geplant und den Mitarbeitern auch so „verkauft". Es handelt sich dabei aber in Wirklichkeit um Kulturprojekte, denn sie verändern die bestehende Kultur maßgeblich.

> **》Die meisten IT-Projekte sind keine Technologieprojekte, sondern Kulturprojekte.**

Doch welche Rolle spielt das Thema Vertrauen in Change- und Implementierungsprozessen? Kriegesmann (Kriegesmann et al. 2013) sieht das

Thema Vertrauen als wichtigen Erfolgsfaktor für die erfolgreiche Implementierung von Projekten und Veränderungsprozessen. Nach seiner Analyse wird Vertrauen verspielt, wenn nicht offen kommuniziert wird, die Beteiligten nicht einbezogen und die geplanten Effekte der Veränderungen nicht vollständig und ehrlich dargestellt werden. Dann kommt es vor, dass selbst projekttechnisch gut geplante Projekte die gesteckten Ziele nicht erreichen.

Vertrauen ist ein Erfolgsfaktor, und ohne Vertrauen geht auch in Veränderungsprozessen und in der Projektimplementierung nur wenig. Selbstverständlich ist für das Gelingen von Projekten ein kompetentes und strukturiertes Projektmanagement unabdingbar. Ohne jedoch das Thema Vertrauen bereits im Vorfeld eines jeden Projektes aufzunehmen und entsprechende Maßnahmen einzuleiten, sind Projekterfolge stark gefährdet. Folgende Aspekte sind aus Autorensicht für den Projekterfolg von großer Bedeutung:

- Transparenz über den gesamten Prozess herstellen
- nachvollziehbare, verständliche Ziele und Absichten kommunizieren
- Ansprechbarkeit der Top-Führungskräfte für Stakeholder und Betroffene sichern
- gezielte, stabile, kontinuierliche Kommunikation sichern
- Fähigkeit, potenzielle Missverständnisse in der Belegschaft zu erkennen
- verborgene Absichten (Hidden Agenda) vermeiden
- Einbeziehung aller Gruppen von Stakeholdern (aller Ebenen)
- Feedback einholen und ernsthaft in der Projektplanung berücksichtigen
- Ängste von Betroffenen wahrnehmen und adressieren
- Projektteams um einen „Trustholder" erweitern
- Zuverlässigkeit, Ehrlichkeit und Einhaltung von Zusagen sichern
- Arroganz gegenüber den vermeintlichen Blockierern ablegen
- Projektteams auf die Themen Vertrauen und Vertrauensbildung schulen
- technische Projekte als Kulturprojekte verstehen

Es ist ratsam, das Thema „Vertrauen" frühzeitig zu adressieren und die genannten Erfolgsfaktoren in der Projektplanung und -kommunikation zu berücksichtigen. Besonders förderlich ist es natürlich, wenn das Thema Vertrauen nicht erst dann bemüht wird, wenn es gebraucht wird. Es gilt eine Vertrauenskultur in der Organisation, in der Führung und auch im kollegialen Umgang zu etablieren und konsequent zu leben.

Die Umsetzung eines vertrauensorientierten Change Managements ist die Voraussetzung für erfolgreichere Change- und Veränderungsprojekte; dies betrifft neben Software- und Technologieprojekten besonders auch Struktur-, Reorganisations- und Automationsprojekte. In diesem Kontext möchte ich die Einführung digitaler Prozesse und agiler Arbeitsstrukturen explizit erwähnen. Auch diese Projekte erfordern ein hohes Maß an Vertrauen der Belegschaft in die Unternehmensführung.

» Transparenz herstellen, Menschen beteiligen und für einen umfassenden Informationsfluss verantwortlich fühlen. So retten Sie Ihr Projekt und Ihren Change-Prozess.

3.2.6   Respekt (Kraftfeld 6)

Respekt ist neben der Wertschätzung der fundamentale Faktor für das Entstehen von Vertrauen. Respekt umfasst eine Vielzahl von Einzelaspekten, gründet aber immer auf zwei Säulen. Die erste Säule repräsentiert Aspekte, die in der Interaktion mit anderen Menschen zum Tragen kommen. Das schließt im Besonderen die Achtung von Werten und die uneingeschränkte Wahrung von Vertraulichkeit und Verschwiegenheit ein. Das Wahrnehmen und das Respektieren persönlicher Grenzen gehören ebenso dazu wie das Vermeiden von Bewertungen.

Aspekte der Interaktion

- Grenzen anderer kennen und achten
- Vertraulichkeit und Verschwiegenheit wahren
- Unterschiedlichkeit anerkennen und respektieren
- Agenda, Meinungen und Wahrnehmung respektieren
- Bewertung und „gute Ratschläge" vermeiden

Integrität praktizieren

- ehrlich sein
- zuverlässig sein
- berechenbar sein

Die zweite Säule repräsentiert eher die grundsätzliche Einstellung, die sich in Verhaltensweisen widerspiegelt. Dazu gehören die persönliche Integrität, Berechenbarkeit, Ehrlichkeit und Zuverlässigkeit. All diese Aspekte entfalten ihre Wirkung zwar auch in der Interaktion mit anderen Menschen, manifestieren sich aber primär als grundlegende Eigenschaften. So kann man ehrlich sein, auch wenn man gerade von keinem anderen Menschen beobachtet wird.

In der Vertrauensformel ist das Kraftfeld (R) ein Multiplikator des zweiten Summanden. Wird anderen nur wenig Respekt entgegengebracht, wird die gesamte Klammer einen niedrigen Wert annehmen.

$$V \sim K + (I_1 \cdot [W I_2 \cdot I_3 \cdot R \cdot E])^5$$

Respekt befriedigt die psychischen Grundbedürfnisse nach Wertschätzung, Anerkennung und Selbstwerterhöhung. Durch Respekt fühlt man sich wahrgenommen, aus der Masse hervorgehoben, und deshalb wird auch das Bedürfnis nach Autonomie zumindest teilweise adressiert. In dem Buch „Schnelligkeit durch Vertrauen" (Covey und Merrill 2018) habe ich das nachfolgende Zitat gefunden. Es ist zwar keiner Person direkt zuzuordnen, beschreibt aber ein wichtiges Merkmal von Respekt:

>> „Den Charakter eines Menschen kann man dadurch beurteilen, wie er Menschen behandelt, die ihm weder helfen noch schaden können."
– Anonymus

Ein ähnliches Zitat stammt von Benjamin Franklin, Naturwissenschaftler, Politiker und Mitbegründer der US-amerikanischen Unabhängigkeitserklärung von 1776.

» „Ein wahrhaft großer Mann wird weder einen Wurm zertreten noch vor dem Kaiser kriechen." – Benjamin Franklin (US-amerikanischer Naturwissenschaftler und Politiker)

Beide Zitate zeigen sehr schön, dass es bei Respekt nicht um die Stellung der anderen Person geht, der man Respekt zollt. Respekt ist wie gesagt eine prinzipielle Haltung Menschen und der gesamten Schöpfung gegenüber.

Grenzen anderer kennen und achten
Jeder Mensch besitzt aufgrund seiner Werte und seiner Persönlichkeit Grenzen, die er selbst nicht überschreitet und auch von anderen nicht überschritten wissen möchte. Bei dem einen ist es der Abstand zu anderen Personen. Der Nächste möchte im Büro nicht über Privates reden, denn er versucht, diese beiden Welten strikt zu trennen. Der wiederum Nächste möchte nicht in die Lästereien der Kolleginnen und Kollegen hineingezogen werden.

Bei unseren persönlichen Grenzen geht es letztendlich um das Einhalten der eigenen Wertvorstellungen. Fordert ein Unternehmen einen Mitarbeiter auf, etwas zu tun, was dessen persönliche Werte verletzt, zum Beispiel die Missachtung gesetzlicher Vorgaben, bringt es den Mitarbeiter an seine Grenzen. Oder anders gesagt: Die persönlichen Grenzen des Mitarbeiters werden nicht geachtet. Werte sind die Ultima Ratio, der „Rubikon", der nicht überschritten werden darf. Als Gaius Julius Caesar am 10. Januar 49 v. Chr. mit seinen Legionen den Rubikon in Richtung Rom überschritt, war das die vorsätzliche Missachtung eines ungeschriebenen Gesetzes, das es Legionen verbot, den Fluss zu überqueren. Er verletzte bewusst diese symbolträchtige Grenze und sendete damit eine Kriegserklärung an den römischen Senat. Zum Thema Selbstmanagement und Werte hat Peter F. Drucker im Jahr 1999 eine höchst bemerkenswerte Veröffentlichung geschrieben. Der Titel: „Die Kunst, sich selbst zu managen" (Drucker 2009). Zu dem Themenkomplex „Werte und Selbstmanagement" schreibt er: „Welche Wertvorstellungen hege ich? Falls Sie in die Lage kommen wollen, sich selbst zu managen, müssen Sie sich auch über Ihre Wertvorstellungen im Klaren sein. Dies ist keine Frage der Ethik. Was die betrifft, so gelten für jeden dieselben Regeln, und die Probe darauf ist einfach. Ich nenne sie den ‚Spiegeltest'.

Zu Anfang des 20. Jahrhunderts genoss der deutsche Botschafter in London unter allen Vertretern der Großmächte die höchste Anerkennung. Erkennbar war er für größere Aufgaben bestimmt – etwa Außenminister oder gar Reichskanzler. Doch 1906 trat er völlig überraschend von seinem Posten zurück. Warum? Er sollte einem Festessen des diplomatischen Korps für Edward VII. vorsitzen, zu dem der König, ein berüchtigter Frauenheld, unmissverständlich hatte wissen lassen, welche Art von Dinner er wünsche. Der Botschafter soll gesagt haben: ‚Ich weigere mich, morgens beim Rasieren einen Zuhälter im Spiegel zu sehen.' Das ist der Spiegeltest. Ethik fordert Ihnen die Frage ab: Was für eine Person sollte mich morgens im Spiegel ansehen? Was in einer bestimmten Organisation oder Situation moralisches Verhalten darstellt, ist es auch in einer anderen. Aber Moral ist nur ein Teil eines Wertesystems – insbesondere im Wertesystem eines Unternehmens. Wer in einer Organisation arbeitet, deren Wertesystem sich nicht mit dem eigenen verträgt, wird dort nicht nur frustriert sein, sondern auch wenig leisten." Ein herausragend schätzenswerter Ansatz, den Peter F. Drucker hier beschreibt.

» „Wer sich selbst managen will, muss sich seiner Wertvorstellungen bewusst sein." - Peter F. Drucker (österreichischer Ökonom, Vordenker und Pionier der modernen Managementlehre)

Zusammenfassung: Jeder Mensch sollte sich seiner Grenzen und Werte bewusst sein und sollte versuchen, die Grenzen und Werte anderer zu erkennen und entsprechend danach handeln. Treffen Sie jeden Tag die persönliche Entscheidung, die eigenen Werte zu leben und die Werte und Grenzen anderer zu respektieren und in keinem Fall zu missachten.

Am Ende sind es unsere Werte, die uns ausmachen.

Vertraulichkeit und Verschwiegenheit wahren

Ich erweise anderen Menschen gegenüber Respekt, wenn ich Vertrauliches vertraulich behandele und damit Verschwiegenheit wahre. Im Amerikanischen verwendet man in diesem Zusammenhang häufig das Wort „vault" für Tresor oder Gruft. Das Gesagte bleibt im übertragenen Sinne verborgen in dem Tresor. Ein schönes Bild, wie ich meine. Die Realität sieht, obwohl die Auswirkungen nicht eingehaltener Vertraulichkeit verheerend sein können, häufig anders aus. Auch Führungskräfte sind gegenüber Brüchen der Vertraulichkeit nicht gefeit.

Beispiel – Vertrauensbruch

Der Chef der Marketingabteilung hatte am vergangenen Mittwoch mit seiner Mitarbeiterin Frau Leybold ein Personalgespräch. Am nächsten Tag ruft er einen seiner Vertrauten ins Büro. „Herr Friese, ich habe gestern mit der Kollegin Leybold gesprochen, und obwohl sie es mir im Vertrauen gesagt hat, möchte ich Ihnen das mal erzählen – wir haben ja eine so vertrauensvolle Beziehung, und ich bin mir sicher, dass Sie es nicht weitererzählen." (Namen sind fiktiv gewählt)

Kommentar – Autor: Wow, kann ich da nur sagen! Hier bricht ein Vorgesetzter nicht nur die Vertraulichkeit, sondern lebt den Vertrauensbruch im Angesicht eines Mitarbeiters auch noch bewusst vor. Gefragt nach seiner Motivation, sagte der Marketingleiter:

„Ich brauchte einfach einen Ratschlag, und außerdem wollte ich Herrn Friese signalisieren, wie sehr ich ihn schätze. Deshalb habe ich die vertrauliche Information preisgegeben." CUT!

Vielleicht nimmt Herr Friese das Gespräch als Wertschätzung wahr. Doch wenn er etwas nachdenkt, kommt er vielleicht ins Grübeln: „Heute die vertrauliche Information an mich. Morgen meine vertrauliche Information an den nächsten Kollegen." Aus meiner Sicht ist der Marketingleiter nach dieser Aktion auf dem Weg, sich und seine Wirkung als Führungskraft selbst zu torpedieren. Das Thema „Vertrauen" kann er erst einmal vergessen!

Zusammenfassung: Verschwiegenheit ist eine Grundvoraussetzung für den Aufbau von Vertrauen. Lassen Sie sich nicht durch andere Absichten dazu hinreißen, Vertraulichkeit zu brechen. Machen Sie sich die folgenden Aussagen zu eigen:

- Was du vertraulich mit mir teilst, bleibt vertraulich!
- Ich respektiere die persönlichen Geschichten anderer und behandle diese jederzeit vertraulich!
- Ich setze niemanden unter Druck, Vertraulichkeit zu brechen.
- Ich erwarte von jedem, dass er auch meine Geschichten vertraulich behandelt.

Unterschiedlichkeit anerkennen und respektieren
Menschen sind unterschiedlich in ihrer Wahrnehmung, ihrem Denken und Handeln. Sie haben unterschiedliche Arten, an Aufgaben heranzugehen, und die Arbeitsweise wie auch der Grad der Strukturiertheit können sehr unterschiedlich sein. Aus Persönlichkeitsprofilen wie DISG®, MBTI® und Struktogramm® wissen sicher viele der Leser, dass es vier verschiedene Persönlichkeitsausprägungen gibt. Respekt bedeutet in diesem Zusammenhang die Achtung und die Wertschätzung genau dieser Unterschiede.

Agenda, Meinungen und Wahrnehmung respektieren
Den Begriff „Agenda" verwende ich gerne für Pläne oder Erwartungen, die andere Menschen haben. Auch diesen gegenüber gilt es aufgeschlossen zu sein. Wie oben beim Thema „Interesse zeigen" besteht die Aufgabe darin, im Falle gemeinsamer Vorhaben auch gemeinsame Pläne zu entwickeln und die Wünsche und Erwartungen des anderen gerne in der Planung zu berücksichtigen.

Beispiel – Wochenendplanung

Das Wochenende! Ich hörte folgende Geschichte von einem Bekannten, dessen Tochter Janet nicht bei ihm lebt. Wenn Janet dann am Wochenende nach Frankfurt zu Besuch kam, wollte er sich als guter Vater präsentieren. Er plante das gesamte Wochenende durch, mit Marktbesuch, Eislaufen, Sport und Kino. Was meinen Bekannten aber immer wieder nervte und nicht selten zu Konflikten führte, waren der Widerstand und die gefühlte Undankbarkeit von Janet angesichts der doch tollen Aktivitäten. An einem Wochenende eskalierte die Situation, und es kam zum Streit über die Wochenendplanung. Aus Janet brach es heraus: „Du denkst das ganze Wochenende nur an dich und deinen Plan. Ich habe darauf keine Lust. Kannst du nicht verstehen und akzeptieren, dass ich am Wochenende einfach nur chillen möchte?!" CUT!

Ich glaube, es wird schnell klar, was hier passiert ist. Der Vater hat die eigene Agenda durchgezogen, ohne mit der Tochter diese zu besprechen und sie nach ihren Wünschen und Erwartungen zu fragen. Genau dies passiert jeden Tag auch am Arbeitsplatz und in konkreten Führungssituationen. Die Chefin denkt, sie weiß, wo es langgeht, macht Vorgaben und schmiedet Konzepte und ist dann überrascht, wenn die Teammitglieder nur missmutig mitziehen. Fehlender Respekt gegenüber der Agenda anderer Menschen begünstigt Konflikte und beeinträchtigt das Entstehen von Vertrauen.

Zurück zu meinem Bekannten und seiner Tochter: Nach diesem Konflikt war nichts mehr wie vorher, und es gab keine Wochenendpläne mehr. Vor jedem gemeinsamen Wochenende wird nun kurz besprochen, ob etwas unternommen werden soll oder ob das Motto lautet: „Wir schauen einfach mal, was kommt."

Und genau das Gleiche gilt auch in Bezug auf den Umgang mit **Meinungen, Meinungsäußerungen und Wahrnehmungen** anderer. Wie häufig werden diese von Kolleginnen und Kollegen oder übereifrigen Führungskräften sofort kommentiert, abgelehnt und schaffen es so noch nicht einmal auf das Flipchart. Frustrierend und nicht zielführend, wie ich meine. Lassen Sie uns doch mal ein Szenario aufbauen.

> **Beispiel – Marktkampagne**
>
> In einem Meeting sollen Ansätze für eine neue Marktkampagne besprochen werden. Lena Goldmann und Fritz Demand (Namen sind fiktiv gewählt) sind gut vorbereitet und haben im Vorfeld je einen Ansatz ausgearbeitet, die nun präsentiert werden. Schnell wird den Protagonisten und den übrigen Teilnehmern des Meetings klar: Die beiden Maßnahmenpakete liegen deutlich auseinander. Nun setzt eine heftige Diskussion ein, was wohl die richtige Vorgehensweise sei. Es wird laut, und es bilden sich schnell zwei Lager heraus.

Was ist hier schiefgegangen? Genau, man debattiert über die möglichen Lösungen. Im übertragenen Sinne diskutiert die Gruppe über die Farbe des Autos und nicht darüber, welches Auto es überhaupt werden soll und welche Bedingungen an das Auto zu stellen sind. Leider ist diese Art der Diskussionsführung in deutschen Unternehmen durchaus häufig anzutreffen. Doch wie kann das Meeting gerettet werden? Durch Respekt gegenüber anderen Meinungen und Ansätzen, durch Interesse am anderen Vorschlag und durch das Vertrauen, dass alle in dem Meeting das gemeinsame Interesse haben, die beste Lösung für die Herausforderung finden zu wollen! Gerne möchte ich die nachfolgenden Gedanken durch eine Grafik bereichern, die ich erstmals in einem Workshop in einem DAX-Unternehmen 2019 angewendet habe.

Abb. 3.7 visualisiert die Wege hin zu verschiedenen Lösungen (Lösung 1, Lösung 2) für ein und dieselbe Herausforderung, die von zwei verschiedenen Managern, Lena Goldmann (Manager 1) und Fritz Demand (Manager 2), erarbeitet wurden. In dem Meeting wird nach der Präsentation leidenschaftlich auf der Lösungsebene diskutiert, und sowohl Lena als auch Fritz versuchen die eigene Lösung „durchzubekommen".

An dieser Stelle des Meetings bringe ich jetzt das Thema „Respekt gegenüber anderen Meinungen und Ansätzen, Interesse am anderen Vorschlag und Vertrauen, dass alle in dem Meeting das gemeinsame Interesse haben, die beste Lösung für die Herausforderung finden zu wollen", ein. Das bedeutet, dass es erst mal keine richtige oder falsche Lösung gibt. Es liegen zunächst einmal zwei Ansätze auf dem Tisch: „Danke für die Vorarbeit, Lena und Fritz." Wenn die beiden Vorschläge so weit entfernt

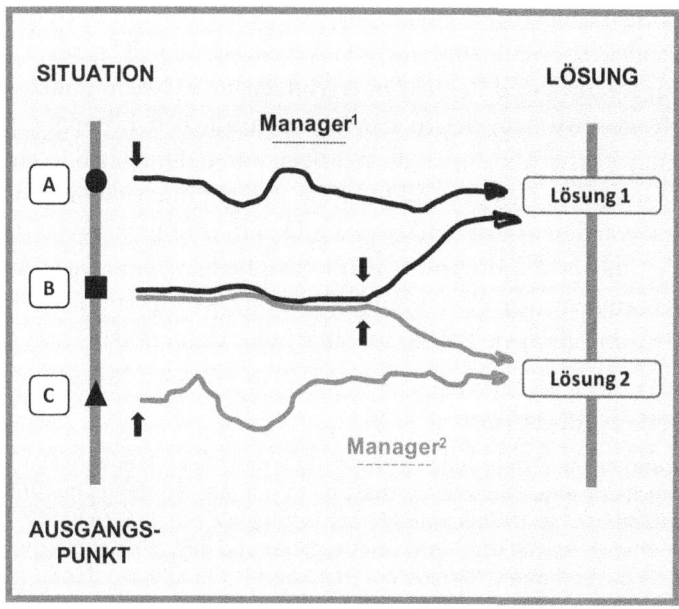

Abb. 3.7 Kooperative, vertrauensorientierte Lösungsfindung. (Quelle: eigene Darstellung)

voneinander sind, muss das einen Grund haben, und diesen gilt es respektvoll und interessiert zu ergründen.

In Schritt 1 muss geklärt werden, von welchem Ausgangspunkt und mit welchen Annahmen die beiden starteten. Das könnten die Ausgangspunkte A, B, C gewesen sein. Startet Lena bei Punkt „A" und Fritz bei Punkt „C", wird schnell klar, dass beide aufgrund der unterschiedlichen Bewertung der Situation von völlig verschiedenen Punkten aus gestartet sind und dementsprechend die erarbeiteten Lösungsansätze weit entfernt voneinander liegen. Es gilt in dem Meeting nun zu diskutieren, welche Ausgangssituation herrscht. Als Resultat kann sich „A" oder „C", aber gegebenenfalls auch Situation „B" als die zutreffende Ausgangssituation ergeben.

Sollte der Ausgangspunkt „A" oder „C" die Ausgangssituation richtig beschreiben, gilt es für die beiden Manager zu diskutieren, was sich dadurch für die erarbeitete Lösung ergibt. Ist aber Ausgangspunkt „B" als die zutreffende Situationsbeschreibung hervorgegangen, dann werden sicher beide Lösungsansätze überarbeitet werden müssen.

Doch es gibt auch ein zweites Szenario: Beide, Lena und Fritz, haben die Situation gleich bewertet und sind von Ausgangspunkt „B" gestartet. Dann gilt es mit Interesse und Respekt zu ergründen, an welchem Punkt Annahmen getroffen wurden, die zu den unterschiedlichen Lösungen geführt haben, und welche Annahmen die richtigen waren. Durch ein solches Vorgehen, geprägt von Respekt und Interesse an den Einschätzungen und Annahmen des anderen, lässt sich stress- und konfliktfrei gemeinsam die beste Lösung erarbeiten. Und wenn es dann noch heißt: „Lena, wow, das hatte ich anders eingeschätzt. Lass uns deinen Ansatz gemeinsam in die Tat umsetzen!", dann kann jede Führungskraft extrem stolz auf das Team sein.

Anmerkung des Autors

Aufgrund meiner Erfahrungen in Workshops möchte ich hier kurz einhaken und mich für eine stärkere Beschäftigung mit der Ausgangssituation als Grundlage von Diskussionen und Entscheidungen einsetzen. Zu häufig wird angenommen, dass die Situation eindeutig ist und dass alle das gleiche Verständnis davon haben. Mitnichten! Zeit, die für die Klärung der Situation aufgewendet wird, beschleunigt nachfolgende Entscheidungs- und Maßnahmendiskussionen erheblich. Deshalb ist jede Minute für die Situationsklärung eine gut investierte Minute.

Zusammenfassung: Haben Sie Vertrauen in Ihr Team, in Ihre Kolleginnen und Kollegen und zeigen Sie Respekt gegenüber anderen Erwartungen, anderen Vorgehensweisen und einer anderen „Agenda". Seien Sie einfach interessiert an der anderen Meinung! Dies wird Ihre Wirkung, unabhängig von Ihrem aktuellen Level, deutlich steigern – im Beruf wie im Privaten.

Bewertung und „gute Ratschläge" vermeiden

Die folgende Situation kennt man durchaus. Man beschreibt einem Kollegen eine Situation, die man als Herausforderung wahrnimmt, die einen stört, unzufrieden macht und gegebenenfalls auch belastet. Die Antwort ist nicht ein interessiertes Zuhören und Nachfragen, was die Situation mit einem macht, sondern: „Du, das ist doch nicht so schlimm, sehe es doch positiv und mach das Beste daraus." Wer denkt jetzt nicht: „Herzlichen Dank, genau das habe ich jetzt gebraucht!"?

Respekt heißt auch, Gefühle und Gesagtes einfach mal stehen zu lassen. Wer kommentiert und auch noch „gute Ratschläge" gibt, schießt sich aus Beziehungen, auch geschäftlichen, schnell raus, denn er zeigt nur wenig Respekt gegenüber den Gefühlen und der Situation des anderen. Außerdem wird so die Chance verpasst, durch Interesse und Empathie das entgegengebrachte Vertrauen zu rechtfertigen und die Beziehung weiter zu vertiefen.

Zusammenfassung: Wie oben bereits im Abschnitt „Interesse haben" beschrieben, geht es auch hier um das Zuhören, das Bezugnehmen. Vermeiden Sie Bewertung und Kommentare, bzw. geben Sie diese erst dann, wenn Sie explizit dazu aufgefordert werden. Aber auch dann gilt: Seien Sie respektvoll und interessiert an der Situation Ihres Gegenübers und stellen Sie empathisch Ihren Gesprächspartner in den Mittelpunkt.

Integrität praktizieren (Ehrlichkeit, Zuverlässigkeit, Berechenbarkeit)
Brené Brown, eine US-amerikanische Autorin, die in Houston über Scham und Empathie forscht, hat in einem ihrer Vorträge auf YouTube zum Thema Vertrauen gesagt: „Integrität heißt, die eigenen Werte zu leben, anstatt sie zu erklären." Wow, diese Beschreibung bringt es genau auf den Punkt. Es geht bei der Integrität um die persönlichen Werte, die Gestaltung der Interaktion mit Menschen und auch um das eigene Verhalten. Ich verbinde mit Integrität die Begriffe:

Ehrlichkeit,
Zuverlässigkeit und
Berechenbarkeit.

Ehrlichkeit bedeutet, Worte in Taten umzusetzen und die Wahrheit zu sagen. Wahrheit heißt, die gesamte Wahrheit und nicht nur Teile einer Geschichte zu erzählen. Wahrheit hat auch etwas mit den eigenen Ressourcen zu tun bzw. damit, diese richtig einzuschätzen. Weiß man genau, dass man die E-Mail heute nicht mehr rausbekommt, dann sollte man es auch sagen. Der Kunde wird es so eher akzeptieren, als wenn man das Schreiben für denselben Tag avisiert, es aber erst Tage später liefert. Dann wirkt man unehrlich und erwirbt schnell das Prädikat „nicht zuverlässig".

Einen weiteren Aspekt möchte ich nicht vergessen: die Ehrlichkeit gegenüber Realitäten bzw. sich persönlich Realitäten stellen. Einer der wesentlichen Punkte im Resilienz-Management ist, sich seiner Herausforderungen bewusst zu werden und diese ehrlich zu benennen. Gerade im Umgang mit der Belegschaft und dem Vertriebsteam sehe ich dort durchaus Optimierungsbedarf. Aus taktischen oder aus vermeintlichen Motivationsgründen werden Markteinschätzungen, Umsatzerwartungen oder die prognostizierte Marktentwicklung nicht vollständig und realistisch dargestellt. Das Vertriebsteam wird auf das schwerste Jahr in der Firmengeschichte eingeschworen, und am nächsten Tag hört sich das in der Geschäftsleitungsrunde plötzlich deutlich positiver an. Mit einem solchen Verhalten tut sich niemand etwas Gutes, man ist nicht ehrlich und verspielt die Chance, durch Ehrlichkeit und Zuverlässigkeit Vertrauen aufzubauen und so Teams hinter sich zu bekommen. Aus meiner Sicht ist die unterschiedliche „zielgruppenbezogene" Darstellung von ein und derselben Sache ein gravierender Fehler.

Die Einschätzung der **Zuverlässigkeit** eines Menschen wird zumeist nicht durch die großen Dinge beeinflusst. Vielmehr sind es oft Kleinigkeiten und bestimmte Verhaltenssignale, die die Erkenntnis „zuverlässig oder unzuverlässig" reifen lassen. Ist der Vater wie versprochen rechtzeitig im Kindergarten, um den Sohn abzuholen? Kommt der Teamleiter pünktlich in das Meeting, oder müssen Sätze wie „Es ist leider wieder ein Telefonat dazwischengekommen" bemüht werden? Die erlebte Zuverlässigkeit wird emotional mit dem Gefühl des „Respektiertwerdens" in Verbindung gebracht. In den beiden beschriebenen Situationen ist das Signal an den Sohn und auch an das Team: „Andere Dinge sind mir wichtiger."

Berechenbarkeit entsteht, wenn man ehrlich und zuverlässig agiert. Im Allgemeinen stellt sich im Umgang mit berechenbaren Menschen ein gutes Gefühl ein; wir sind gerne mit ihnen zusammen. Da dem Vertrauen ein gewisses Maß an Ungewissheit und Unberechenbarkeit innewohnt, ist die Berechenbarkeit einer Person ein wichtiger Faktor für die Bereitschaft, Vertrauen zu schenken. Ganz im Sinne der hier im Buch verwendeten Definition von Vertrauen:

>> Vertrauen ist die Zuversicht, dass ein anderer berechenbar im gemeinsamen Interesse handelt.

Zusammenfassung: Integer sein heißt, jeden Tag ehrlich, zuverlässig und berechenbar zu handeln. Es ist deshalb keine angelernte Aktion, um sich gut darzustellen. Integer sein und die eigenen Werte zu leben, statt darüber zu sprechen, das ist die Aufgabe und wird im besten Falle zu einer prägenden Charaktereigenschaft! Machen Sie Zusagen nur dann, wenn Sie diese auch einhalten können, denn es sind gerade die Kleinigkeiten, die Ihr Umfeld nutzt, um Ihren Charakter zu ergründen und um mit diesen Einschätzungen auf Ihr Verhalten in „großen Dingen" zu schließen.

3.2.7 Erleben und Erlebnisse (Kraftfeld 7)

Wenn wir Menschen begegnen, entsteht eine Interaktion, ein unsichtbares Kraftfeld, das sehr stark oder auch sehr schwach sein kann. Manche Begegnungen bemerkt man noch nicht einmal – man ist mit dem Handy beschäftigt oder in Gedanken versunken. Unser Wirkungsraum variiert, je nachdem wie wir gerade konditioniert sind. Fühlen wir uns gut, entwickelt sich eine Aura, die auf andere wirkt. Sofort zieht man Blicke auf sich, und Menschen nehmen einen wahr.

In der Physik nennt man das Wirkungsquerschnitt. Der Wirkungsquerschnitt ist ein Maß für die Wahrscheinlichkeit, dass eine Wechselwirkung zwischen zwei Teilchen stattfindet. Anschaulich kann der Wirkungsquerschnitt als Fläche gedacht werden. Tritt ein anderes, bestimmtes Teilchen in diese Fläche, wird eine Reaktion ausgelöst. So gibt es zum Beispiel Teilchen (Neutrinos), die eine so geringe Wechselwirkung mit Materie haben, dass sie durch die Erde hindurchfliegen, ohne sie überhaupt zu „bemerken", denn es findet keinerlei Wechselwirkung statt. Ihr Wirkungsquerschnitt ist für die Wechselwirkung mit der Materie „Erde" einfach zu klein.

Vertrauen basiert auf gemachten Erfahrungen. Jedes Erlebnis, jeder Kontakt mit einer Person, einer Gruppe, einer Organisation, einem Unternehmen oder auch einer Marke (z. B. Nestle, VW, Apple) erzeugt ein Erlebnis. In der Werbe- und Konsumentenpsychologie nennt man diese Erlebnisse und Erfahrungen „Touchpoints". Unternehmen geben viel Geld aus, um „Touchpoints" mit positiven Assoziationen in Bezug auf ein Produkt oder eine Marke aufzuladen. Die lila Milka-Kuh beim Skispringen ist ein Paradebeispiel. Alpen, Sport, Aktivität, Attraktivität der Sportler, alles das zahlt auf das Sympathiekonto der Milka-Schokolade ein und führt im besten Falle zu ihrem Kauf. Entscheidend dafür, dass ein Kontakt oder ein gemeinsames Erlebnis auf das Vertrauenskonto einzahlt, sind drei Aspekte:

Frequenz,
Intensität sowie
Raum und Zeit.

Selbstredend müssen die jeweils gemachten Erfahrungen positiv belegt sein. In der Konsumentenpsychologie wirkt sich jeder positive Kontakt mit einer Marke vertrauensbildend auf sie aus. Genauso verhält es sich bei jedem Kontakt, jeder Begegnung mit einem anderen Menschen, einem Freund, einem Geschäftspartner.

Beispiel – Es wird langweilig

Das junge Paar, nennen wir sie Hans und Viktoria, kennen sich schon seit mehr als drei Jahren. Sie haben sehr viele gleiche kulturelle Interessen, gehen gemeinsam zum Badminton und Walken. Jeden Sonntagmorgen steht Punkt 10:00 Uhr Yoga auf dem Programm. Sie haben eine Stammkneipe und natürlich auch einen Lieblingsitaliener um die Ecke. Gespräche über den Job und andere Themen sind die letzten Jahre weniger geworden – man weiß ja alles vom anderen und kennt die netten und nervigen Kollegen aus der Arbeit. An einem Sonntagnachmittag im November dann der Satz von Viktoria: „Schatz, wir müssen mal reden – ich habe das Gefühl, es passiert nichts mehr." CUT!

Frequenz. Die Kontaktfrequenz betrifft die Häufigkeit, in der Kontakte zwischen zwei Personen stattfinden. Je häufiger sich Menschen treffen, sei es auch nur für ein flüchtiges „Hallo", desto vertrauter wirkt diese Person. Leo Martin (2011) hat das in seinem Buch „Ich krieg dich!" sehr schön im Zusammenhang mit der Anwerbung von V-Leuten im Geheimdienstumfeld beschrieben. Verlaufen die Kontaktmomente positiv, zahlt dies auf das Vertrauenskonto dieser Beziehung ein, und es entsteht die Basis für ein Vertrauensverhältnis. Ist das wirklich so leicht? Ich denke schon! Führungskräfte klagen häufig über die geringe Zeit, die sie mit ihren Mitarbeitern verbringen, wodurch sie ihre Führungsaufgabe nicht wahrnehmen können. Auf der anderen Seite beklagen sich dieselben Vorgesetzten darüber, das Gefühl zu haben, dass ihnen der Rückhalt im Team fehlt und niemand ihnen so richtig folgt und vertraut. Das hört sich nach einem schweren Dilemma an – ist es auch.

Häufig berichten Mitarbeiter im Rahmen der „Gefährdungsbeurteilung psychischer Belastungen", dass ihre Führungskräfte zu wenig Zeit für sie investieren und dass „die da oben" ja keinerlei Ahnung von der Arbeit des Teams haben. Bei geringer Kontakthäufigkeit ist es ausgesprochen schwer, ein Vertrauensverhältnis aufzubauen.

》Schlechte Chefs haben keine Zeit für Führung, weil sie keine Zeit für Führung haben. ----- Gute Chefs haben Zeit für Führung, weil sie sich Zeit für Führung nehmen.

Zusammenfassung: Nehmen Sie sich Zeit für Menschen – im privaten wie im beruflichen Umfeld. Suchen Sie den täglichen Kontakt. Jeder Kontakt verhilft dazu, eine Vertrauensbasis zu schaffen. Und wenn Sie Ihre Mitarbeiter häufiger sehen, bekommen beide Seiten Informationen über den anderen, die den nächsten Kontakt, das nächste Gespräch leichter machen. Damit ist ein Fundament für die Entwicklung einer vertrauensvollen Beziehung geschaffen. Eine Bitte noch: Streichen Sie den Satz

„Ich habe keine Zeit für Führung" aus Ihrem Sprachrepertoire. Seien Sie ein guter Chef, eine gute Chefin und räumen Sie dem Thema Führung und Kontakthäufigkeit eine hohe Priorität ein. Sie werden die investierte Zeit mehrfach zurückerhalten.

Intensität. In der Einleitung zum Thema „Erleben" führte ich den Begriff „Wirkungsquerschnitt" als Maß für die Wahrscheinlichkeit ein, dass eine Wechselwirkung zwischen zwei Teilchen stattfindet. In der Teilchenphysik ist die dann folgende Reaktion genau definiert.

Anders verhält es sich, wenn Menschen, Unternehmen, Organisationen oder Marken in Interaktion miteinander kommen. Die Intensität der Interaktion hängt ab von der inhaltlichen Tiefe sowie der emotionalen Qualität der Erinnerungen und Impulse, die in einem Kontakt entstehen, und kann darum stark variieren. Ist es ein kurzes „Hallo", wird daraus ein inhaltliches Gespräch oder ergibt sich sogar ein tiefgehender Austausch, an den sich beide noch lange erinnern? In der Konsumentenpsychologie wirkt sich jeder positive Kontakt mit einer Marke vertrauensbildend auf diese aus, doch die Werbetreibenden wollen mehr! Es wird deshalb versucht, jeden Kontakt mit einer Aussage oder besser noch mit einem positiven Erlebnis zu verknüpfen. Aus diesem Grund ist zum Beispiel das Kreditkartenunternehmen „Mastercard" auf Musikfestivals präsent: um die Marke mit Aktivität und Erlebnisintensität aufzuladen.

Die Frequenz betrifft also die Häufigkeit, in der Kontakte stattfinden, die Intensität die inhaltliche Tiefe, die emotionale Qualität und die Impulse, die dabei entstehen. Im Privaten funktioniert das durchaus ähnlich.

Beispiel – Der Dienstagabend

Hannah und Joachim sitzen beim Essen. Ein harter Tag liegt hinter ihnen. Sie haben es gerade noch geschafft, die Pizza in den Ofen zu schieben und den Tisch zumindest mit dem Nötigsten zu decken. Hannah ist Zahnärztin und legt los: „Joachim, heute war wieder so ein Tag! Die Patienten haben immer höhere Ansprüche durch teilweise falsch verstandene Informationen aus dem Internet." „Du, Hannah", antwortet Joachim, „lass doch heute mal die Praxis aus unserem Abend raus!" Danach dreht sich das Gespräch intensiv um den Pizzabelag. Beide gehen getrennt früh ins Bett, um für den nächsten Tag wieder genug Energie zu haben. CUT!

Beispiel – Spaziergänge am Main

Roland ist Geschäftsführer einer mittelständischen Bank im Herzen von Frankfurt/Main. Für ein Strategieprojekt hat er sich vor Jahren für ein kleines Beratungsunternehmen aus der Region entschieden. Der Projektleiter, Harald, hat das Projekt erfolgreich durchgeführt, und durch die vielen Abstimmungsmeetings ist ein sehr enger Kontakt entstanden. Highlights sind dabei die in einer entspannten Atmosphäre ablaufenden Spaziergänge an der Mainufer-Promenade. Dort, wo im Sommer der Ironman Europe gekürt wird, schlendern die beiden am Ufer entlang und unterhalten sich über Literatur, Sport und Trainingspläne, kulturelle Veranstaltungen und auch über berufliche Herausforderungen. Während dieser Spaziergänge entsteht durch die gegenseitige Reflexion und die gesetzten Impulse für beide Seiten eine Energie, die von Roland wie auch von Harald aufs Höchste geschätzt wird. Mit jedem Spaziergang vertieft sich ihre Beziehung. CUT!

Auch im geschäftlichen Umfeld, sprich in der Situation als Führungskraft, ist die Intensität der Begegnungen mit den Kollegen, den Teammitgliedern und der Chefetage von großer Bedeutung. Je intensiver und häufiger die Kontakte, desto eher und nachhaltiger kann Vertrauen entstehen. Aber Achtung, Intensität bedeutet Austausch – nicht egozentrierten Monolog. Echtes Interesse, eigene Meinungen, neue Impulse gepaart mit Empathie für die Situation und die Emotion des Gegenübers lassen jeden Kontakt positiv und vor allem intensiv ablaufen. Solch eine Interaktion, die selbstredend durch Vertraulichkeit und gegenseitige Wertschätzung geprägt ist, zahlt direkt auf das Vertrauenskonto der Beziehung ein, und es entsteht im besten Falle ein offenes, *nicht* absichtsorientiertes Vertrauensverhältnis. Wie vertrauensgeprägt die Beziehung zu einem Gesprächspartner ist, zeigt sich an der Rolle, die Sie einnehmen bzw. einnehmen dürfen.

Lassen Sie mich hier ein Beispiel aus dem Vertrieb heranziehen. Es gibt unterschiedlichste Rollen, die ein Vertriebsmitarbeiter einnehmen kann. Je intensiver die Beziehung und der Kontakt zum Kunden werden, desto stärker wird sich auf dem gemeinsamen Weg Vertrauen entwickeln. Anders formuliert: Mit zunehmendem Vertrauen ändert sich auch die persönliche Rolle (Lieferant von Fakten → Sparringspartner → Vertrauter) und damit auch die persönliche Wirkung.

❯❯Die Entstehung einer wertgeschätzten Rolle ist ohne Vertrauen nicht denkbar.

Zusammenfassung: Nur ein intensiver Kontakt hinterlässt Spuren und erzeugt ein nachhaltiges intensives Gefühl gegenseitiger Inspiration. Es geht also nicht nur um den Kontakt, das flüchtige „Hallo" oder ein „Daumen hoch" auf dem Fußballplatz, wenn die Flanke gut angekommen ist. Jeder Kontakt kann dazu dienen, eine Vertrauensbasis zu schaffen, und je intensiver der Kontakt abläuft, desto größer ist die Chance, dass ein Erlebnis daraus wird. Zeigen Sie Interesse, fragen Sie nach und kommen Sie in einen echten, intensiven Austausch mit Ihrem Team, Ihrer Kollegenschaft, Ihren Vorgesetzten oder Ihrem Kunden. Sie werden überrascht sein, was aus der neuen Qualität intensiver Kontakte entsteht. Die Entwicklung einer einflussreichen Rolle ist ohne Vertrauen nicht denkbar.

Raum und Zeit
In der klassischen Physik geht man von einem absoluten Raum und einer absoluten Zeit aus. Der Raum ist dreidimensional und durch die Dimensionen Höhe, Breite, Tiefe bestimmt. Die Zeit beschreibt eine Abfolge von Ereignissen, die im Gegensatz zu anderen physikalischen Größen eine Richtung haben. Die klassische Vorstellung von Raum und Zeit mag für die meisten Fälle im Alltag genügen, sofern wir uns nicht mit der Relativitätstheorie beschäftigen bzw. mit nahezu Lichtgeschwindigkeit bewegen wollen.

Beispiel: Das Café um die Ecke

Rainer Holbein ist Vertriebsmitarbeiter eines Unternehmens der Medizintechnikbranche und besucht Zahnarztpraxen (Name fiktiv gewählt). Rainer ärgert sich, dass er trotz Termin häufig im Wartezimmer warten muss. Aber das Ärgern geht weiter. Das Gespräch mit der Zahnärztin beginnt, doch nach wenigen Minuten betritt die freundliche Zahnarzthelferin den Raum und erinnert an den Patienten in Behandlungsraum 2. Rainer fühlt sich bedeutungslos und spürt, dass er keine Wirkung hinterlässt, denn die Zahnärzte sind irgendwie immer mit dem Kopf woanders. Rainer nimmt sich vor, den nächsten Termin außerhalb der Praxis zu vereinbaren. Gesagt, getan, der Termin findet morgens vor den Behandlungszeiten in einem Café um die Ecke statt. Der Zahnarzt ist total locker drauf, es wird über fachliche Themen, aber auch über die Gesundheits- und Berufsstandspolitik gesprochen. Neben der Verabredung zu einer gemeinsamen Runde Golf fällt der Satz: „Mensch, Herr Holbein, endlich hatten wir mal Gelegenheit, uns richtig auszutauschen. Ich hab's genossen!" CUT!

Das gemeinsame Erleben und die Wirkung daraus werden aber sehr wohl durch den Ort (Raum) und die Zeit bestimmt. Treffen wir einen flüchtigen Bekannten immer wieder, aber eben an unterschiedlichen Orten, entsteht doch das Gefühl: Hier hat jemand eine ähnliche Agenda, besucht ähnliche Veranstaltungen und „muss" deshalb ähnliche Interessen wie ich haben. Genau das ist mir mit einer Person im Jahr 2019 passiert. Das häufige Zusammentreffen bei unterschiedlichen Anlässen (Ort) hat aus einer eher flüchtigen Bekanntschaft eine enge Freundschaft werden lassen.

Ähnliches beschreibt letztendlich auch das Beispiel „Café um die Ecke". Der Wechsel von Raum und Zeit schafft neue Impulse, ändert die übliche Routine und erzeugt die Möglichkeit, das Miteinander auf ein neues Fundament zu stellen. Gerade Führungskräfte sollten die Begegnungsräume mit den Teammitgliedern variieren. Wenn die Gespräche immer im eigenen Büro, am selben Tisch, mit derselben Sitzordnung stattfinden, entstehen keine emotionalen Impulse und keine neuen Situationen. Sogenannte „Off-Sites" dienen genau diesem Ansatz. Das Team trifft sich für Impulstage in einem Hotel, fernab des Firmensitzes. Auch die Etablierung von „Diskussionsecken" und Open-Space-Ansätze mit vielen Sitzmöglichkeiten unterstützen den Austausch in unterschiedlicher Umgebung. Neue Umgebung, neue Impulse, Zeit für Gespräche heißt gleichzeitig auch: Möglichkeit, um gegenseitiges Vertrauen aufzubauen.

In der Vertrauensformel ist das Kraftfeld (E) ein Multiplikator des zweiten Summanden. Findet nur wenig gemeinsames bzw. intensives Erleben statt, wird die gesamte Klammer einen niedrigen Wert annehmen.

$$V \sim K + (I_1 \cdot [W \cdot I_2 \cdot I_3 \cdot R \cdot E])^5$$

Zusammenfassung: Durchbrechen Sie die Routine und Langeweile immer gleicher Orte und Räumlichkeiten – im privaten wie auch im betrieblichen Umfeld. Probieren Sie das neue Sushi-Restaurant in der Innenstadt, verändern Sie Ihre Joggingstrecke und verlassen Sie die räumliche Routine. Sie werden feststellen, dass sich neue Impulse positiv auf Beziehung und Vertrauen auswirken.

Im geschäftlichen Umfeld gilt dasselbe! Treffen Sie Kunden an unterschiedlichen Orten und bringen Sie durch neue Situationen frische Impulse in die Geschäftsbeziehung. Suchen Sie andere Orte für den Austausch und das Gespräch mit Ihren Teammitgliedern. So steigern Sie die Beziehungsdynamik und die Möglichkeit, mehr voneinander zu erfahren. Es entstehen Erfahrungen, die Sie und Ihr Umfeld dabei unterstützen, sich gegenseitig zu vertrauen.

Literatur

Covey, Stephen M. R.; Merrill, Rebecca R. (2018): Schnelligkeit durch Vertrauen. 7. Auflage, Gabal Verlag GmbH, Offenbach

Drucker, Peter F. (2009): Die Kunst, sich selbst zu managen. In: Harvard Business Manager 05-1999

Kriegesmann, Bernd; Kley Thomas; Lücke, Christina (2013): Vertrauensorientiertes Changemanagement. Herausgeber: IAI e.V. der Ruhr-Universität Bochum. Download am 29.2.2020 unter: https://www.iai-bochum.de

Luhmann, Niklas (2014): Vertrauen. Ein Mechanismus der Reduktion sozialer Komplexität. 5. Auflage, UVK Verlagsgesellschaft mbH, Konstanz

Martin, Leo (2011): Ich krieg dich. 1. Auflage, Ariston Verlag Random House

Matuschek Peter (2020): Forsa-Umfrage im Auftrag von ntv/RTL: Vertrauen der Deutschen in Institutionen. Download am 27.1.2020 unter: https://www.ntv.de

Olfert, Klaus (2008): Lexikon der Personalwirtschaft, 1. Auflage, NWV Verlag, Herne

Partz, Wolfgang (2018): TÜV Rheinland – Werkstattmonitor 2018. Download am 27.1.2020 unter: https://www.tuv.com

RTL (2019): Team Wallraff: Undercover bei Ryanair und Eurowings. Download am 27.1.2020 unter: https://www.rtl.de

Schön, Wolfram (2020): Mit Vertrauen CRM- und Change-Projekte zum Erfolg führen. Projektmagazin, Ausgabe 13/2020, Berleb Media GmbH, Taufkirchen

Spectra Marktforschung (2011): Die idealen Arbeitskollegen, Studie der Spectra Marktforschung. Download am 27.1.2020 unter: https://www.marktmeinungmensch.at

Stahl, Stefanie (2015): Das Kind in dir muss Heimat finden. 11. Auflage, Kailash Verlag

Winand, Udo (2020): Vertrauen in virtuelles Lehren und Lernen. Download am 20.3.2020 unter: https://www.mueller-boeling.de/veroeffentlichungen/digitale-festschrift/vertrauen-in-virtuelles-lehren-und-lernen

4

Call-for-Action

Zusammenfassung Entschließen Sie sich, auf die Karte Vertrauen zu setzen, so ist das für eine Organisation, aber auch für Sie als Einzelperson eine Entscheidung – ähnlich wie bei einem Unternehmen, das den Einstieg in agile Arbeitsformen oder in ein neues digitales Geschäftsmodell beschließt. Es ändert sich etwas ganz Wesentliches: die Kultur des Miteinanders, die Kultur des Unternehmens. Für einen solchen Weg müssen Sie sich bewusst entscheiden. Die Lektüre der vorangegangenen Kapitel liefert eine ausreichend hohe Anzahl von Gründen, einen vertrauensorientierten Weg einzuschlagen bzw. intensiver als noch gestern zu verfolgen. Um dies transparent und greifbarer zu machen, beschreibt der Autor konkrete Meilensteine, zunächst aus der Perspektive einer Person, dann für ein Unternehmen.

123
W. Schön, *Vertrauen, die Führungsstrategie der Zukunft*,
https://doi.org/10.1007/978-3-662-61971-1_4

4.1 Führungsstrategie und Kompass mit neuer Bezugsgröße (Mindset)

Vertrauensorientierung ist kein Sprint, sondern ein Mittelstreckenlauf, der viel abverlangt, aber im Gegensatz zu einem Marathon auch sehr viel schneller positive Rückmeldungen und Erfolgserlebnisse „erzeugt". Und der Begriff „Führungsstrategie" ist dabei nicht als theoretisches Konstrukt gedacht. Es ist vielmehr die Aufforderung, die Mitarbeiterschaft und das eigene Team, den eigenen unternehmerischen Wirkungsraum und die gesamte Organisation vertrauensorientiert zu führen und eine tragfähige Vertrauenskultur zu etablieren. In der unternehmensinternen Perspektive betrifft das auch die Themen Prozesse und Projektmanagement. Beide Bereiche können von einer Vertrauensorientierung erheblich profitieren.

4.2 Der persönliche Weg (Person)

Zunächst ist es mir ein persönliches Anliegen, den Aspekt der Manipulation anzusprechen. Wenn ich mit Menschen über das Thema „Vertrauen entwickeln" rede, erhalte ich nicht selten das Feedback: „Ist das nicht Manipulation, wenn ich mich bewusst so verhalte, dass Vertrauen entsteht?" Ja, natürlich kann man jedes Verhaltenskonzept auch manipulativ nutzen, so wie es Leo Martin (Martin 2011) in seinem Buch „Ich krieg dich!" im Zusammenhang mit der Anwerbung von V-Leuten beschreibt. Ich bin mir sicher und vertraue der Leserschaft, dass sie die Informationen aus diesem Buch verantwortungsvoll und respektvoll einsetzt, um damit eine positive Transformation des persönlichen Verhaltens und im Zuge dessen der Kultur im privaten und beruflichen Umfeld hin zu einem vertrauensorientierten Miteinander zu erreichen.

Wer sich bewusst für mehr Vertrauen im Leben entscheidet, wird konsequenterweise viele Verhaltensweisen, die auch ich in meiner beruflichen Sozialisation erfahren habe, abstreifen bzw. hinter sich lassen müssen. Ich musste erst ein einschneidendes persönliches Erlebnis erfahren, um mir letztendlich klar darüber zu werden, was das Wesentliche im Umgang mit Menschen ist. Und es sind definitiv nicht die über Jahrzehnte in vielen

Unternehmen als Grundorientierung dienenden Schlagwörter wie Durchsetzungsvermögen, Härte, Kalkül, Verhaltenstaktik, Konkurrenz und Zieldynamik, zumeist noch unterlegt durch Glaubenssätze wie:

- Nur ich weiß, wie es geht!
- Ich muss mich durchsetzen!
- Schwäche heißt verlieren!
- Nur ich kann mir helfen!
- Kompetenz schlägt alles!

Sie werden den offensichtlich negativen Charakter dieser Orientierungen erkennen, die nicht selten in Misserfolg, psychischen Belastungsstörungen (Burnout) und emotionaler Verlassenheit resultieren.

Aus heutiger Sicht geht es um das Erkennen des persönlichen Sinns im Leben, zum Beispiel vermittelt durch die Frage von John Strelecky „Warum bist du hier?" in seinem Buch „Das Café am Rande der Welt" (Strelecky 2007). Sehr schön beschreibt Gertrud Höhler (Höhler 2003) diesen nicht neuen, aber nach wie vor höchst aktuellen Ansatz der Vertrauensorientierung: „Im Klima des Vertrauens gewinnen traditionelle Kampftechniken ihre ursprüngliche Vitalität zurück: Wettbewerb im Team um die beste Lösung ist eben nicht Vernichtungskrieg, sondern Konkurrenz um Vertrauen auf die Fairness aller gegenüber allen. Die Spielregeln binden alle, das Spielfeld ist klar begrenzt, und nicht der Regelbruch macht Sieger, wie uns so häufig suggeriert wird." Es sind die Fairness, die vertrauensdurchtränkte Kooperation und das persönliche vertrauensorientierte Verhalten, die am Ende des Tages den Erfolg der Person, des Teams und der Organisation ausmachen. Und die Leichtigkeit, die sich dadurch ergibt, möchte ich mit einem erweiterten Zitat aus dem Golf-Film *„Die Legende von Bagger Vance"* beschreiben:

》 *„Du kannst das Spiel nicht gewinnen, du kannst es nur spielen." „Du kannst Vertrauen nicht erzeugen – nur leben."*

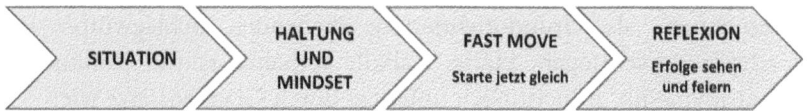

Abb. 4.1 Transformationsprozess „Vertrauen entwickeln". (Quelle: eigene Darstellung)

Doch wie kann die oben avisierte positive Transformation hin zu einem vertrauensorientierten Miteinander mit den Kolleginnen und Kollegen sowie auch mit den Führungskräften erreicht werden? Gerne möchte ich Ihnen einen vierstufigen „persönlichen Transformationsprozess" präsentieren (s. Abb. 4.1):

a) Situation
b) Vorstellungen, Ziele und Mindset
c) Fast Move: Starte jetzt gleich!!
d) Reflexion – Erfolge sehen und feiern

a) **Situation**

Wie Sie bei der Lektüre sicher schon erkannt haben, bin ich davon überzeugt, dass eine Veränderung immer auf einem klaren Bild der aktuellen Situation beruht. Zunächst gilt es sich der persönlichen **Wirkung** und der eigenen **Glaubenssätze** bewusst zu werden. Dies schließt auch die Analyse ein, wie viel **Vertrauensorientierung** bereits in Ihrem Verhalten verankert ist. Sie können Ihre persönliche Wirkung über die Reflexion des eigenen Verhaltens analysieren. Die Auseinandersetzung mit den folgenden Aussagen kann Sie dabei unterstützen, die Frage „Wo stehe ich in Bezug auf die Ausprägung der sieben Kraftfelder?" realistisch einzuschätzen. (Anmerkung: Das Kraftfeld „Kompetenz" habe ich bewusst ausgespart, denn die meisten Menschen können ihre Kompetenzen selbst recht gut einschätzen. Darüber hinaus ist dieses Thema in den meisten Feedback- und Jahresgesprächen bereits prominent vertreten.)

> Ich nehme mir persönliche Verhaltensziele vor und setze diese auch um!
> Ich mache viele positive Erfahrungen mit mir!

Ich tue, was ich sage!

Ich wertschätze andere Menschen!

Ich nehme alle Menschen positiv wahr!

Ich erkenne die Leistung von anderen und benenne diese auch offen und unvoreingenommen!

Ich höre gerne zu!

Ich interessiere mich für die Meinungen anderer!

Nach Gesprächen weiß ich immer, was andere gesagt haben!

Ich beziehe Menschen gerne in Entscheidungen und Prozesse ein!

Ich informiere mein Umfeld stets umfänglich!

Ich schaffe in meinem Umfeld Transparenz und Klarheit!

Ich respektiere die Ideen anderer Menschen!

Ich gehe vertraulich mit persönlichen Informationen von anderen um!

Ich kenne die Vorlieben und Abneigungen anderer Menschen und respektiere diese!

Ich treffe mich gerne mit anderen und tausche mich offen aus!

Ich habe mit anderen häufig inhaltlich tiefgehende Gespräche!

Im Austausch mit anderen bin ich in der Lage, zu inspirieren!

Natürlich ist dies nur eine kleine Auswahl, aber wie Sie sicher schon erkannt haben, repräsentieren jeweils drei Aussagen ein Kraftfeld. Formulieren Sie aus den sieben Kraftfeldern des Vertrauens weitere Aussagen für sich persönlich. Mein Tipp: Formulieren Sie die Sätze wie oben „positiv". Auf diese Weise erhalten Sie ein gutes Abbild Ihres Verhaltens, sprich, Sie erzeugen ein **Eigenbild**.

Jedes Eigenbild hat eine Schwäche: Es kann durch die eigenen Wunschvorstellungen getrübt und verfälscht sein. Deshalb ist es sinnvoll, andere Menschen in diese Analyse einzubeziehen und damit das **Fremdbild** – das Bild, das andere von Ihnen haben – zu erarbeiten. Bitten Sie Freunde, Bekannte und das nähere Umfeld um deren Einschätzung Ihrer Person. Sie können dabei die Aussagen der Eigenanalyse als Fragen formuliert verwenden. Erbitten Sie Offenheit, informieren Sie Ihren Feedbackgeber über den Hintergrund Ihres Interesses und betonen Sie, wie wichtig Ihnen eine ehrliche Meinung ist, dann werden die Einschätzungen Ihres Gegenübers der Wirklichkeit zumeist recht nah kommen. Mit dieser Vorgehensweise erhalten Sie ein gutes Bild über Ihre persönliche Wirkung in Bezug auf das Thema Vertrauen.

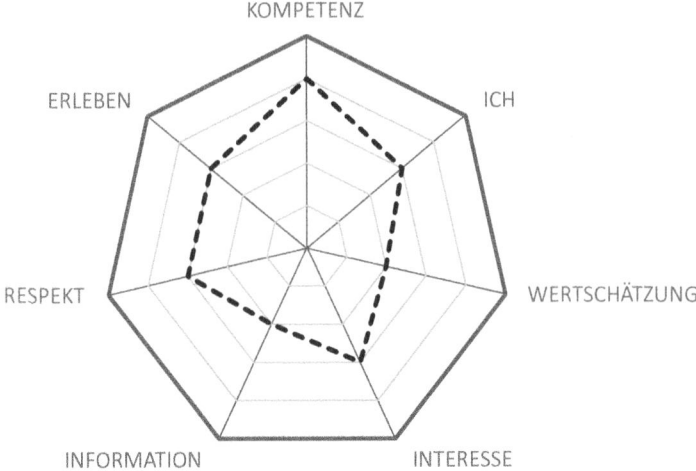

Abb. 4.2 Mögliche Darstellung einer Situationsanalyse.(Quelle: eigene Darstellung)

Mit meinen Coachees visualisiere ich das Ergebnis dieser persönlichen Situationsanalyse gerne in einer sogenannten Radargrafik (siehe Abb. 4.2).

An dieser Stelle noch ein Einwurf zum Thema Glaubenssätze. Dies sind Überzeugungen, die tief im Unterbewusstsein verankert sind und die Eigenwahrnehmung stark beeinflussen. Sind sie positiv (z. B.: Alles, was ich tue, ist von Erfolg gekrönt), ist das sehr schön. Sind sie demgegenüber aber negativ (z. B.: Ich erhalte nicht die Anerkennung, die ich verdiene), dann können sie Selbstzweifel schüren und persönlich blockieren. Wie William Shakespeare sagte: „Unsere Zweifel sind Verräter und häufig die Ursache für den Verlust von Dingen, die wir gewinnen könnten, scheuten wir nicht den Versuch." Genau das ist die Wirkung negativer Glaubenssätze: Man bewegt sich nicht mehr und verharrt in seiner Komfortzone. Um aus der Umklammerung negativer Glaubenssätze zu entkommen, gilt es sich diese zunächst einmal bewusst zu machen. Das gelingt meist besser mit einem Coach oder Therapeuten, der durch reflektierende Fragen helfen kann, negative Glaubenssätze zu erkennen und diese zu überdenken. Mehr zu dem Thema finden Sie in dem Buch „Handbuch der erfolgreichen Kommunikation" (Schön 2020) im Kapitel „Raus aus der mentalen Komfortzone".

b) Haltung und Mindset

Die innere Haltung beschreibt die Einstellung zu uns selbst und zu anderen. Sie prägt damit unsere Denkmuster, Überzeugungen und Verhaltensweisen. Oft wird der Begriff auch mit den Begriffen Mentalität und Mindset verwoben. Die innere Haltung ist nichts, was von irgendwoher kommt, sondern eine bewusste Entscheidung für die Rahmenparameter des Denkens und Handelns. Und deshalb kann sich die innere Haltung auch verändern und an neue Bedingungen oder Überzeugungen angepasst werden. In dem hier diskutierten Kontext geht es um die Ausrichtung unserer inneren Haltung, des inneren Denkkompasses in Richtung der Bezugsgröße „Vertrauensorientierung". Ich möchte nachfolgend ein Experiment wagen und die Entwicklung einer vertrauensorientierten inneren Haltung entlang der sieben von Rampe und Berndt beschriebenen Resilienzstrategien (Rampe 2005; Berndt 2015) erläutern.

Ergänzung des Autors

„In der Verhaltensforschung wurde der Begriff ‚Resilienz' erstmals von Emmy E. Werner in der ‚Kunai-Längsschnitt-Studie' verwendet. In dieser Studie wurde beobachtet, wie sich Kinder, die in einem Umfeld mit hohem psychosozialen Entwicklungsrisiko aufwuchsen, entwickelten. Ein Drittel dieser Kinder wuchs heran zu leistungsfähigen, zuversichtlichen und fürsorglichen Erwachsenen. In der Studie wurde nun herausgearbeitet, welche Strategien diese als Kinder und später als Erwachsene anwendeten, um einen selbstsicheren und erfolgreichen Weg im Leben einzuschlagen. Die Wissenschaftler fanden bei ‚resilienten' Kindern eine bis ins Erwachsenenalter hinein durchgängige Denk- und Verhaltensstrategie" (Quelle: Schön 2020).

Akzeptanz. Die Bewältigung einer krisenhaften Situation setzt voraus, dass Sie die „aktuell schwierige" Situation akzeptieren und emotional annehmen. Aus der obigen Situationsanalyse haben Sie sicher verschiedene Erkenntnisse über Ihre Wirkung und die aktuelle Ausprägung Ihrer Vertrauensorientierung gewonnen. Das Ergebnis der Situationsanalyse könnte lauten: „Ja, ich verhalte mich nicht vertrauenswürdig. Ich interessiere mich zu wenig für andere. Ich zeige meiner Umwelt zu wenig Wertschätzung." Erst mit der Akzeptanz dieser Ergebnisse ist der Weg frei für Veränderungen und die Neuausrichtung des persönlichen Kompasses.

Optimismus. Wer Krisen und Veränderungen bewältigen möchte, muss an deren Endlichkeit glauben und sich seiner Fähigkeit, die Hürden zu überwinden, bewusst sein. „Ich will das und ich kann das." Deshalb sollte am Anfang des persönlichen Transformationsprozesses die eindeutige Entscheidung stehen, sich in Richtung Vertrauensorientierung entwickeln zu wollen. Dazu kommt die innere Zuversicht, diesen Weg erfolgreich beschreiten zu können. Beides stärkt Ihre Anstrengungsbereitschaft und intrinsische Motivation, auf eine vertrauensorientierte Führungsstrategie zu setzen und den Schalter auch wirklich umzulegen.

Lösungsorientierung. Die Gewissheit, dass es eine Lösung gibt, macht sicher und ruhig. Diese Haltung ermöglicht, mit Energie und Enthusiasmus an Lösungen bzw. Vorhaben zu arbeiten. Sie haben mit den sieben Kraftfeldern eine solide Basis in den Händen, um strukturiert und ergebnisorientiert an der Transformation in Richtung eines „vertrauensorientierten Verhaltens" zu arbeiten.

Opferrolle verlassen – Verantwortung übernehmen. Sich der Opferrolle zu bedienen und andere für sein Schicksal verantwortlich zu machen, ist durchaus verführerisch, jedoch wenig effektiv. Genau diese Opferrolle hemmt die persönliche Energie und das Angehen von Lösungen. Die Opferrolle zu verlassen bedeutet nicht auf den Vertrauensvorschuss anderer zu warten, sondern zu erkennen, dass die Lösungen im persönlichen Verhalten begründet liegen: „Nicht die anderen sind schuld. Nur ich bin der Ausgangspunkt für vertrauensorientiertes Verhalten." Mit diese Einstellung kommen Sie in den Handlungsmodus und übernehmen Verantwortung für sich, Ihr Verhalten und die Aktivierung der sieben Kraftfelder des Vertrauens.

Netzwerkorientierung – Zukunftsplanung. In einer Krise ist etwas besonders wichtig: ein stabiles soziales Netzwerk. Eine solide und weitsichtige Zukunftsplanung ist Garant für die Bewältigung von Krisen und gleichzeitig die Vorbereitung auf zukünftige Herausforderungen.

Vertrauen braucht Interaktion, und wer auf die Karte Vertrauen setzt, dem geht es nicht um das Netzwerk als Selbstzweck, sondern um die Orientierung und das Interesse an den Menschen im Netzwerk. In der Zukunftsplanung reift – wie schon erwähnt – die Erkenntnis, dass dies kein Sprint, sondern ein Mittelstreckenlauf wird, aber wenn Sie es mutig anfangen, erhalten Sie schon in der ersten Runde Applaus „von den Rängen".

c) Fast Move: Starte jetzt gleich!

Zweifel sind keine guten Berater – sie halten uns davon ab, etwas zu tun, die Komfortzone zu verlassen und Neues zu wagen. Und wer die „Spannungszone" des Neuen erreicht hat, der berichtet von Unsicherheit und mentaler Anstrengung. Ja, vertrauensorientiert zu handeln und Vertrauen zu schenken ist zu Beginn anstrengend, gerade wenn Misstrauen im eigenen Denken und Handeln bisher tief verankert war. Wer sich wirklich entwickeln will, der muss sich bewegen, muss den Willen haben, Vertrauensvorschuss zu geben, und die Zuversicht leben, dass Vertrauen zurückkommt.

Ich werde häufig gefragt, mit welchem der sieben Kraftfelder man am besten beginnen sollte. Ich gebe darauf zwei Antworten, die eine zeitliche Reihenfolge implizieren. Erstens: „Beobachten Sie bitte zwei Wochen lang, wie Menschen wirken, die anderen Vertrauen schenken." Zweitens: „Nach diesen zwei Wochen werden Sie sich entscheiden. Und wenn Sie sich für einen vertrauensorientierten Weg entscheiden, dann starten Sie mit allen Kraftfeldern sofort und gleichzeitig, denn es gibt keinen besten Anfang." Vertrauen gibt es nur im Ganzen. Ich halte es da gerne mit Tony Robbins und seinem Slogan „Unleash The Power Within", also „Befreie die innere Kraft". Überlegen Sie nicht, was alles passieren könnte oder ob Sie aktuell dafür Zeit haben. Die Zeit für mehr Vertrauen ist immer, zu jedem Zeitpunkt, und Sie können jetzt und gleich damit beginnen, mehr Vertrauen zu leben!

d) Reflexion – Erfolge sehen und feiern

Wenn Sie mit voller Kraft starten, ist Ihnen eines sicher: Ihr Umfeld, Ihr Partner, Ihre Partnerin, die Sportkameraden, Ihre Mitarbeiterinnen und Mitarbeiter, Ihre Kolleginnen und Kollegen werden die Veränderung spüren und werden Ihnen Feedback geben – und ich sage es Ihnen auf den Kopf zu: „Es wird ein positives sein!" Reflektieren Sie Ihr Verhalten,

Ihre Kommunikation und Ihre Wahrnehmung. Freuen Sie sich, nehmen Sie das Feedback auf, bedanken Sie sich, feiern Sie sich dafür und gehen Sie weiter auf Ihrem Weg. Ich wünsche Ihnen dabei viele schöne Erlebnisse, die von Ihrer neuen Wirkung und Ausstrahlung ausgehen werden.

4.3   Systemvertrauen und Vertrauenskultur (Unternehmen)

Das Systemvertrauen bezieht sich auf eine organisatorische Einheit und auf die in der obersten Führungsebene handelnden Personen. Der Vertrauensgeber „Person/Mitarbeiterschaft" gewährt dem Vertrauensnehmer „Organisation/Führungsebene" Vertrauen. Systemvertrauen gründet auf dem Wirken des Unternehmens als abstrakte Funktionseinheit (z. B. Kultur, Überzeugungen, Nachhaltigkeit, Umgang mit Mitarbeitern und Mitarbeitermeinung, Stil der Geschäftstätigkeit) und dem Verhalten der Repräsentanten (Vorstand, Geschäftsleitung) in Bezug auf deren Entscheidungen, Kommunikation und letztendlich auch deren persönlichem Umgang mit Meinungen, Herausforderungen und der Mitarbeiterschaft im Unternehmen. Es enthält deshalb sowohl interpersonale als auch organisationale Aspekte.

Wenn man von Systemvertrauen spricht, kommt man schnell auch auf die Begriffe Vertrauenskultur und vertrauensorientierte Führungsstrategie. Jedes Unternehmen hat eine Vertrauenskultur, unabhängig davon, ob die Ausprägung eher positiv oder negativ ist. Die wichtige Frage lautet deshalb: Wie stark ist die Vertrauensorientierung im Unternehmen ausgeprägt und wie vertrauenswürdig handelt die Vorstands- und Geschäftsleitungsebene gegenüber den Mitgliedern der Organisation? In der Alltagskommunikation wird der Begriff „Vertrauenskultur" immer im positiven Sinne verwendet, sprich als implizite Beschreibung einer Vertrauensorientierung. Als Gegenpol fungiert der Begriff der „Misstrauenskultur". Im Weiteren werde ich den Begriff „Vertrauenskultur" ebenfalls als Synonym einer positiv hohen Ausprägung der Vertrauensorientierung und des gegenseitigen Vertrauens innerhalb der Kollegenschaft und in Bezug auf die Organisation verwenden.

Wenn man von einer Vertrauenskultur spricht, dann handeln alle Organisationsmitglieder vertrauensvoll und im gemeinsamen Interesse. Gertrud Höhler (Höhler 2003) schreibt dazu: „Sich aufeinander verlassen, zuverlässig sein, das sind Umschreibungen dessen, was wir Vertrauen nennen. Die Gruppe kann ja nur deshalb koordiniert handeln, weil die Zuverlässigkeit der Mitglieder als eine Erwartung alle begleitet. Es kann nicht jeden Tag neu ermittelt werden, ob die Mitglieder sich aufeinander verlassen können. Sie tun es, weil sie darauf angewiesen sind und genug Beweise vorliegen, dass alle es so wollen. Alle leben im ‚Zutrauen zu den eigenen Erwartungen', sagt Niklas Luhmann. Es ist also nicht mehr der andere, auf den sich die prüfenden und zuversichtlichen Blicke richten, wenn die Vertrauenskultur lebt, sondern jeder Einzelne lebt mit der Quasigewissheit, dass der Alltag seinen Erwartungen entsprechen wird." Das bedeutet, dass „genug Beweise" und positive Erfahrungen mit Vertrauen und Vertrauenswürdigkeit aller handelnden Personen vorliegen müssen, damit Vertrauen gegenseitig geschenkt wird bzw. jeder in der Erwartung des gegenseitigen Vertrauens agiert. Und damit ist ein jeder verantwortlich für sein vertrauensorientiertes Handeln und die Entwicklung und Aufrechterhaltung der Vertrauenskultur – kurz: Sie wird durch ALLE getragen!

» „Wer ohne Vertrauen leben muss, kann praktisch nichts erreichen. Das Vertrauen zu anderen macht uns handlungsfähig." - Gertrud Höhler (deutsche Literaturwissenschaftlerin)

Wer allerdings in einer Krise oder im Vorfeld eines wichtigen Projekts die Themen Vertrauen, Vertrauenskultur und vertrauensorientierte Führungsstrategie „mal schnell aus dem Hut zaubern möchte", der wird mit Sicherheit enttäuscht werden. Die Vertrauensbereitschaft der Mitarbeiter, einer Organisation – und ich beziehe hier explizit auch Team- und Gruppenleiter mit ein – steigt nicht wie ein Phoenix aus der Krisenasche (Höhler 2003), sondern will über eine lange Zeit gehegt und gepflegt werden. Die Vertrauensbereitschaft und damit die Vertrauenskultur wachsen organisch und brauchen deshalb viel Zeit. Sprach ich beim „persönlichen Weg" noch von einem Mittelstreckenlauf, so handelt es sich bei der Vertrauenskultur um einen Triathlon. Und ob es ein Triathlon der olympischen Distanz (1,5 km Schwimmen, 40 km Radfahren, 10 km Laufen) oder ein Ironman (3,8 km, 180 km, 42 km) wird, das hängt entscheidend von den vergangenheitsbezogenen Vertrauenserfahrungen im Unternehmen ab. Aber aus meiner Sicht gibt es keine Alternative! Auf der Basis vieler Projekte der „Gefährdungsbeurteilung psychischer Belastungen" kann ich dem obigen Zitat von Gertrud Höhler „Wer ohne Vertrauen leben muss, kann praktisch nichts erreichen" uneingeschränkt zustimmen. Aus meiner Sicht ist es schwer, die unterschiedlichen Arten des Vertrauens, hauptsächlich aber die intraorganisationalen und die intrapersonalen Aspekte im Zusammenhang mit der Vertrauenskultur strikt zu trennen. Es ist letztendlich auch nicht nötig, denn in einer gelebten Vertrauenskultur ist das funktionsübergreifende Miteinander von offenem Austausch und der Anwendung der sieben Kraftfelder des Vertrauens durchdrungen, und dies über alle Hierarchieebenen hinweg.

Wie kann die Transformation hin zu einer umfassenden Vertrauenskultur bzw. zu einer vertrauensorientierten Führungsstrategie gelingen? Gerne möchte ich für diese weitreichende Herausforderung einen ebenfalls vierstufigen Transformationsprozess „Systemvertrauen und Vertrauenskultur" vorschlagen (siehe Abb. 4.3):

a) Situation
b) Mindset
c) Vertrauensbildung
d) Reflexion

Abb. 4.3 Transformationsprozess „Systemvertrauen und Vertrauenskultur". (Quelle: eigene Darstellung)

a) **Situation**

Das Ausmaß von Vertrauen und Misstrauen in Organisationen hat vielfältige interne Auswirkungen. Nach Currall (1995) muss in einer Organisation davon ausgegangen werden, „dass bei einem Mangel an Vertrauen eine hohe Wahrscheinlichkeit des Scheiterns von organisationalen und interpersonalen Kooperationen besteht". Die Auswirkungen mangelnden Vertrauens beeinflussen die Qualität der innerbetrieblichen Kommunikation, hierarchie- und funktionsübergreifend, und beeinflussen damit sowohl kommunikative als auch operationale Prozesse negativ. Wie bereits in Kap. 1 ausgeführt (siehe Abschn. 1.3.1), verursacht ein Mangel an Vertrauen das Scheitern von IT-, Digitalisierungs-, Reorganisations- und Veränderungsprojekten. Ich schrieb in Abschn. 1.3.1: Vertrauen ist aus meiner Sicht der zentrale Faktor im Spannungsfeld „Führungsverhalten und Projekt-/Change-Erfolg". Es ist deshalb ratsam, das Thema „Vertrauen" frühzeitig in jedem Projekt zu berücksichtigen und nicht erst dann, wenn es gebraucht wird. Es gilt eine belastbare Vertrauenskultur in der Organisation, in der Führungskommunikation und im kollegialen Umgang zu etablieren und konsequent zu leben.

Doch wo stehen das Unternehmen, die Organisation und die Führungskräfte in Bezug auf das Thema Vertrauen? An diese Frage kann unterschiedlich herangegangen werden. Interne Workshops im Führungskreis können ein möglicher erster Schritt sein. Da sich aber zumeist die Eigenwahrnehmung von Führungskräften gerade in Bezug auf das Thema Vertrauen nicht immer mit den in der Mitarbeiterschaft herrschenden Meinungen deckt, ist die Einbindung eines erfahrenen Moderators dringend angeraten. Auch können Mitarbeiterbefragungen und die Ergebnisse einer Gefährdungsbeurteilung psychischer Belastungen als Informationsquellen genutzt werden. Ich persönlich halte den Einsatz von Erhebungen und Audits für einen guten Weg. Wie in dem Buch „Vertrauensorientiertes Change Management" (Schön 2020) erläutert, kann das Systemvertrauen wie auch das interpersonale Vertrauen durch die Abfrage vertrauensfördernder bzw. vertrauenshemmender Faktoren gut abgeschätzt werden. Beispielhaft möchte ich die folgenden drei Tools benennen. Das IMO-Vertrauensinventar® ist ein quantitatives Erhebungsinstrument und wurde durch das Institut für Management und

Organisation GmbH (Fechtner 2013) entwickelt. Das Audit „CV-3D" der TU Chemnitz (Bullinger et al. 2013) prüft die Existenz vertrauensfördernder bzw. vertrauenshemmender Faktoren. Das Screening- und Erhebungsverfahren „WAVE" (Wiesbadener Audit zum Systemvertrauen) (Schön 2020) eignet sich zur Analyse folgender drei Aspekte: Explizit sind das (1) das interpersonale Vertrauen (Fokus: Führungskraft), (2) das Systemvertrauen und (3) die Erfahrungen mit früheren Veränderungsprozessen. Mit den beschriebenen Tools lässt sich eine gute Basis für die Beurteilung der Verankerung des Themas Vertrauen im Unternehmen erarbeiten.

b) **Mindset**

„Der Fisch stinkt vom Kopf her!" Ich mag diese „Weisheit" überhaupt nicht, denn sie macht es leicht, alle möglichen Versäumnisse in einer Organisation auf die Führungskräfte und die Geschäftsleitung abzuwälzen.

Da Vertrauen initial von der Führungskraft ausgehen sollte, empfiehlt es sich, genau hier den Startpunkt für das Thema Vertrauenskultur zu setzen. Mittels Keynotes und moderierten Geschäftsführungsworkshops kann der erste Schritt der Sensibilisierung durchgeführt werden. Ebenfalls sollte im Vorfeld von IT- und Veränderungsprojekten durch eine frühestmögliche Berücksichtigung des Themas Vertrauen in der Projektplanung der Projekterfolg abgesichert werden. Hier lautet die Erfolgsformel: „Vertrauen frühzeitig aufbauen und Veränderungen wirken lassen." Über Vorträge mit dem Titel „Vertrauen – Schlüsselkompetenz für ein erfolgreiches Kundenbeziehungsmanagement" lässt sich das Thema in der innerbetrieblichen Fortbildung und auf Vertriebstagungen gut platzieren. Damit ist die Voraussetzung für die Veränderung des Mindsets in Richtung einer ausgeprägten Vertrauensorientierung auf der Führungskräfteebene und in den Vertriebsbereichen geschaffen. In der Vertrauensbildung gilt es dann die gesamte Mitarbeiterschaft zu befähigen. Gerne komme ich jetzt auf „den Fisch und den Kopf" zurück. Ja, viele Dinge gehen von der Führungsetage aus. Das entledigt aber niemanden von der Verpflichtung, proaktiv und mit vollem Einsatz an dem persönlichen Mindset einer gelebten Vertrauensorientierung zu arbeiten.

c) Vertrauensbildung

Vertrauen hat etwas mit Befähigen zu tun. Ich möchte hier gerne dem Interview mit Professor Dr. Simon Hahnzog vorgreifen (siehe Abschn. 5.1). Er sagte: „Jemandem etwas zutrauen und ihm zu vertrauen, erfordert ganz eindeutig Befähigung. Den Zusammenhang zwischen Vertrauen und Befähigung möchte ich am Beispiel der Personalentwicklung eines unserer Kundenunternehmen erläutern – ein großartiges Konzept. Das Unternehmen sagte: Wir wollen, dass sich unsere Mitarbeiter eigeninitiativ weiterbilden. Die Mitarbeiterinnen und Mitarbeiter erhielten als Fortbildungsbudget ein Monatsgehalt pro Jahr. Im ersten Jahr wurde der Ansatz ‚Mach einfach mal‘ gelebt, doch fast alle in der Belegschaft überforderte dies. Im Folgejahr wurden dann Fortbildungspläne vorgeschlagen und gemeinsam entschieden. Ab da lief das Programm sehr erfolgreich und auf der operationalisierten Basis von Befähigung, Unterstützung, Feedback und gelebtem Vertrauen. Kurz, die Entwicklung von Vertrauen gründet immer auch auf Befähigung, entwickelten Fähigkeiten, und dann gibt es keine Grenzen für Vertrauen." Was könnten solche Fähigkeiten sein? Zunächst einmal die Fähigkeit, Vertrauen entstehen zu lassen, bzw. die Fähigkeit, die sieben Kraftfelder des Vertrauens zu aktivieren. Es können aber auch ganz klassische Fähigkeiten sein. Wenn im Wandel hin zu einer agilen Arbeitsorganisation mehr Entscheidungen in nachgeordneten Teams getroffen werden sollen, dann muss der Prozess der Entscheidungsfindung (Entscheidungsanalyse) gekonnt sein. Ohne diese Fähigkeit wird Verunsicherung in den Entscheidungsprozessen auftreten und, überspitzt gesagt, wird das „agile System" nicht ins Rollen kommen. In der Vertrauensbildung geht es darum, konkrete vertrauensorientierte Verhaltens- und Kommunikationskompetenzen aufzubauen, parallel zu systemimmanenten Fähigkeiten wie die strukturierte Durchführung von Entscheidungen oder, wie in dem obigen Beispiel, die Befähigung, ein persönliches Entwicklungsprogramm zu gestalten.

d) Reflexion

Auch in Bezug auf das Systemvertrauen und die Entwicklung einer positiven Vertrauenskultur muss mit voller Kraft gestartet werden. Ein

„Hineindiffundieren" hat keinen Sinn. Es gilt eine gezielte, offene und ehrliche Bestandsaufnahme durchzuführen, zu befähigen und direkt den Roll-out anzugehen. Vertrauen lebt nicht von der Perfektion, sondern auch vom Verständnis der Nichtperfektion. Und wenn Führungskräfte und Belegschaft gemeinsam die Vertrauenskultur aufbauen, dann sind die „kleinen Fehler" des anderen sogar mit Blick auf den Lernprozess hilfreich.

Installieren Sie einen rollierenden Reflexionsprozess, der, so möchte ich es empfehlen, auch über Hierarchieebenen hinweg gestaltet werden kann. Auch stetig wiederkehrende Audits und das Einbinden des Themas Vertrauen in Mitarbeiterbefragungen gehören zur Reflexion und Sicherung der erfolgreichen Implementierung bzw. Stärkung der Vertrauenskultur unabdingbar dazu.

Natürlich beschreiben die vier diskutierten Schritte keinen vollständigen Projektablauf zur Entwicklung einer umfassenden „Vertrauenskultur". Dies war auch nicht das Ziel. Dennoch hoffe ich, dass Sie als Leserin und Leser einige Impulse für die Etablierung einer Vertrauenskultur notieren konnten.

Literatur

Berndt, Christina (2015): Resilienz, Das Geheimnis der psychischen Widerstandskraft. Deutscher Taschenbuchverlag, München

Bullinger, Angelika et al. (2013): Systemvertrauen als betriebliche Ressource Vertrauen messen – Instrumentarium & Fallstudien (Bd. 2). Aw&I Wissenschaft und Praxis, Chemnitz

Currall, Steven C.; Judge, Timothy A. (1995): Measuring trust between organizational boundary role persons, in: Organizational Behavior and Human Decisions Processes, No. 64, S. 151–170

Fechtner, Harri (2013): Vertrauenskompetenz als Ressource für Veränderungen in Zeiten von Agilität und Digitalisierung (Teil 1/3). Institut für Management und Organisation (IMO), Bochum. Download am 27.1.2020 unter: https://www.imo-bochum.de

Höhler, Gertrud (2003): Warum Vertrauen siegt. 1. Auflage, Ullstein Verlag, Berlin

Martin, Leo (2011): Ich krieg dich. 1. Auflage, Ariston Verlag Random House

Rampe, Micheline (2005): Der R-Faktor, das Geheimnis unserer inneren Stärke. Knaur Verlag, München

Schön, Wolfram (2020): Mit Vertrauen CRM- und Change-Projekte zum Erfolg führen. Projektmagazin, Ausgabe 13/2020, Berleb Media GmbH, Taufkirchen

Schön, Wolfram (2020): Handbuch der erfolgreichen Kommunikation. 1. Auflage, tredition GmbH, Hamburg

Strelecky, John (2007): Das Café am Rande der Welt. DTV Verlagsgesellschaft, München

5

Meinungen & Statements

Zusammenfassung Was denken andere Menschen über das Thema Vertrauen? Wie verorten sie es im privaten und unternehmerischen Kontext? Diese beiden Fragen waren die Ausgangspunkte für das Kapitel „Meinungen und Statements". In sechs Interviews wurden Persönlichkeiten mit unternehmerischem Know-how, gesellschaftspolitischem Weitblick und unterschiedlichem Hintergrund zu ihren Meinungen, Einschätzungen und persönlichen Erfahrungen zum Thema Vertrauen befragt. Das Ergebnis ist ein interessanter und inspirierender Überblick, der durchaus verschiedene Perspektiven hierzu erkennen lässt. Was aber alle eint, ist das Bekenntnis zur großen Bedeutung von Vertrauen für das menschliche Miteinander und den Erfolg von Führungskräften, Unternehmen und Organisationen. Der Autor bedankt sich von ganzem Herzen bei Katrin Pucknat, Hendrik Adam, Steffen Ball, Prof. Dr. Simon Hahnzog, Marcus Lübbering und Heiko Thieme für deren Bereitschaft Teil dieses Buches zu sein, für ihr zeitliches Investment und die angenehme Zusammenarbeit während der Durchführung der Interviews.

© Der/die Herausgeber bzw. der/die Autor(en), exklusiv lizenziert durch
Springer-Verlag GmbH, DE, ein Teil von Springer Nature 2020
W. Schön, *Vertrauen, die Führungsstrategie der Zukunft*,
https://doi.org/10.1007/978-3-662-61971-1_5

5.1   Professor Dr. Simon Hahnzog – Psychologe, Akademischer Direktor

> **Zur Person**
>
> **Dr. Simon Hahnzog.** Psychologe, Systemischer Coach und Therapeut (DGSF), Akademischer Direktor des Kernkompetenzzentrums „Gesunde Arbeit – Resilienz" am Steinbeis IFEM und an der Augsburg Business School

An was denken Sie, wenn Sie das Wort „Vertrauen" hören?

Spontan fallen mir die Worte Freiheit, Sicherheit, Kontakt und Nähe ein. Aber es ist spannend, das Wort an sich, und es bringt mich jetzt durchaus ins Nachdenken und Grübeln. Die Frage ist doch, was ermöglicht mir Vertrauen, was kann ich dadurch?

Erst durch Vertrauen kann ich meine Potenziale so umsetzen, wie ich es kann und möchte – ja, weil ich mir selbst vertraue. Und in Bezug auf andere: Ist Vertrauen vorhanden, kann ich sagen und tun, was ich möchte. Ich habe dann Freiheit, und das ist für mich ein wichtiger Aspekt.

Was ist für Sie Vertrauen?

Ich versuche jetzt erst mal keine Formaldefinition zu finden. Es ist mehr Emotion als Kognition, und es ist eher ein Gefühl. Selbst wenn es mein Selbstvertrauen betrifft und das Vertrauen in mich selbst, hat es etwas mit sozialem Kontext und Beziehungsgestaltung zu tun.

Vertrauen definiert für mich, wie tragfähig eine Beziehung ist. Es entscheidet stark darüber, was in meinem Vertrauensraum – ich nenne das jetzt mal so – möglich ist, und das unabhängig davon, ob ich alleine oder mit vielen in diesem Raum bin. Je mehr Vertrauen vorhanden ist, desto mehr ist möglich.

Warum ist Vertrauen so wichtig?

Meine erste Antwort ist eine Negativantwort bzw. eine Frage: Was wäre, wenn Vertrauen nicht da ist? Genau dann schränkt es mich ein, mein volles Potenzial zu entfalten! Ich bin verängstigt, verunsichert, weiß nicht, wie ich mich verhalten soll, grüble nach, ob etwas, was ich tue, in Ordnung ist. Auch entsteht dann die Angst, Fehler zu machen, und die

Angst vor den möglichen Konsequenzen. Und genau das alles wird durch das Vorhandensein von Vertrauen verhindert. Diese Zusammenhänge sehe ich sowohl im beruflichen als auch im privaten Kontext.

Kann man verloren gegangenes Vertrauen wieder zurückgewinnen?
Ich glaube ja, aber es gibt keine Garantie dafür. Man kann Vertrauen sehr schnell zerstören, und man braucht lange Zeit, um es wiederaufzubauen – sehr viel Zeit und viel Energie sind notwendig. Und trotzdem gibt es keine Garantie, dass man es wieder hinbekommt – aber möglich ist das schon. Voraussetzungen sind viel Kontakt, viel miteinander reden und viele Gespräche. Der Aspekt „Vorschuss" kommt hier besonders zum Tragen. Das heißt, wenn ich Vertrauen wiederaufbauen möchte, dann müssen beide Seiten bereit sein, einen Vertrauensvorschuss zu geben. Dennoch gibt es keine Garantie, und es kann sein, dass man später feststellen muss, dass es eben nicht mehr geht oder passt.

Ist Vertrauen ein Beziehungsthema oder eher ein Businessthema?
Sowohl als auch! Business ist nichts anderes als Beziehung!

Wann und wo ist Vertrauen aus Ihrer Sicht besonders wichtig?
Wo nicht?! (Anmerkung: beide lachen)

Ein in Unternehmen stark „gestresstes" Thema ist der Aspekt „Motivation". Wenn man Vorträge über Motivation hört, dann kommt das Wort „Vertrauen" aber nur selten vor. Wie erklären Sie sich das?
Das ist spannend für mich, weil Motivation etwas ist, was man nicht erzeugen kann. Man kann es nur ermöglichen, und um es zu ermöglichen, ist Vertrauen eine wichtige Grundlage dafür.

Bleiben wir noch einen Moment beim Thema Vertrauen und Führung! Was bedeutet das für Sie konkret?
Aus meiner Sicht startet alles bei der Führungskraft selbst, sprich bei dem Vertrauen in sich selbst. Wenn eine Führungskraft sich selbst nicht vertraut, macht es dies schwer für andere, in sie zu vertrauen. Der nächste Aspekt ist der bereits oben angesprochene Vertrauensvorschuss. Auf der Ebene des direkten Kontaktes „Führungskraft – Mitarbeiter" muss der größere Vertrauensvorschuss von Seiten der Führungskraft ausgehen. Na-

türlich machen Mitarbeiter mal Fehler, sie machen etwas anders als gedacht oder auf anderen Wegen, und genau dann muss man als Führungskraft bereit sein, Vertrauen zu leben. Sonst wird es für die Mitarbeiter schwierig, Vertrauen in die Führungskraft aufzubauen.

Vertrauen ist selbstverständlich auch ein organisationales Thema. Die Frage stellt sich: Kann ich als Mitarbeiter oder Mitarbeiterin in die Organisation und in deren Kultur vertrauen, oder eben auch nicht? Inwiefern ist Vertrauen in der Unternehmenskultur verankert, oder beschreiben „Ellenbogendenken" und das „Am-Stuhl-Sägen" den unternehmerischen Alltag? Führungskräfte sind aus meiner Sicht immer in einer zentralen Position, wenn es um das Thema Vertrauen und Vertrauenskultur geht. Wenn Vertrauen vorhanden ist, dann werden die Mitarbeiter vertrauen können, ihre Potenziale ausschöpfen und damit ihre Produktivität dem Unternehmen voll zur Verfügung stellen.

Ist Vertrauen ein harter Wirtschaftsfaktor?

Ja, weil Wirtschaft nur funktioniert, wenn Vertrauen da ist. Ich finde den Ansatz „harter und weicher Faktor" immer etwas schwierig. Aber die Bedeutsamkeit von Vertrauen, darum geht es doch! Ich möchte das kurz am Beispiel einer Währung erläutern: Geld funktioniert ausschließlich auf dem Glauben, dass es etwas wert ist. Und wenn es das nicht ist – oder der Glaube nicht da ist –, dann entsteht Inflation. Vertrauen ist das Einzige, was dem virtuellen Charakter des Geldes in der Realität etwas Gegenständliches gibt. Und dasselbe gilt auch für viele andere Dinge in der Wirtschaft. Zum Beispiel in Verhandlungen. Wenn ich schon nicht einmal vertraue, dann wird es schwierig, zu verhandeln, egal ob es um Waren oder Dienstleistungen geht. Vertrauen ist ja nicht gleich blindes Vertrauen, und es ist auch nicht gleichzusetzen mit dem Satz: „Wenn ich vertraue, brauche ich keine Kontrolle."

Sie nennen das Wort Kontrolle. Kontrolle ist ja ein Gegenspieler von Vertrauen. Wo sehen Sie die Grenzen des Vertrauens?

Vertrauen hat keine Grenze, das ist das Bedeutsame daran. Und um das Wort Kontrolle zu relativieren: Es braucht aus meiner Sicht Feedbackschleifen und letztendlich eine Art Unterstützer. Die Aufgabe des Unterstützers und des Feedbacks liegt darin, Mitarbeiter zu befähigen. Warum? Weil viele in unserer Gesellschaft mit dem Ansatz „Mach einfach mal" überfordert sind. Und es ist häufig kein Zeichen von Vertrauen, sondern eher ein Alleinelassen. Jemandem etwas zutrauen und ihm zu vertrauen, erfordert ganz eindeutig Befähigung. Den Zusammenhang zwischen Vertrauen und Befähigung möchte ich am Beispiel der Personalentwicklung eines unserer Kundenunternehmen erläutern – ein großartiges Konzept. Das Unternehmen sagte: Wir wollen, dass sich unsere Mitarbeiter eigeninitiativ weiterbilden. Die Mitarbeiterinnen und Mitarbeiter erhielten als Fortbildungsbudget ein Monatsgehalt pro Jahr. Im ersten Jahr wurde der Ansatz „Mach einfach mal" gelebt, doch fast alle in der Belegschaft überforderte dies. Im Folgejahr wurden dann Fortbildungspläne vorgeschlagen und gemeinsam entschieden. Ab da lief das Programm sehr erfolgreich und auf der operationalisierten Basis von Befähigung, Unterstützung, Feedback und gelebtem Vertrauen. Kurz, die Entwicklung von Vertrauen gründet immer auch auf Befähigung, entwickelten Fähigkeiten, und dann gibt es keine Grenzen für Vertrauen.

Was halten Sie von der These: „Vertrauen macht alle Prozesse schnell und hält die Kosten niedrig"?
Das würde ich nicht zu 100 % unterschreiben. Ich denke, Vertrauen muss immer wieder upgedatet, immer wieder neu nivelliert werden, und das kostet Zeit und Geld.

Was erzeugt aus Ihrer Sicht Misstrauen?
Mangelnde Authentizität. Mangelnde und ungenügende Kommunikation. Wenn Rollen und Strukturen nicht klar sind.

Anders gefragt: Woran kann man erkennen, dass in einem Unternehmen zu wenig Vertrauen herrscht?
Qualitativ kann ich die Auswirkungen spüren! Höhere Fluktuation, höhere Krankheitsraten, eine destruktive Konfliktkultur, ein Konfliktvermeidungsverhalten, häufige Konflikte, eine Vermischung von Person und Sache sowie von Person und Rolle.

Bezogen auf Ihr Tätigkeitsfeld „Beratung, Training, Diagnostik" – wo ist dort Vertrauen besonders wichtig?
Auch hier ist Vertrauen das zentrale Fundament. Als Berater, Trainer, Diagnostiker ist es eine Kernaufgabe, dass Menschen, mit denen ich ar-

beite, mir vertrauen können. Wenn ich das nicht hinbekomme, dann kann der Prozess funktionieren, aber meine Aufgabe ist es, dass die Leute so viel Vertrauen zu mir haben wie möglich. Und nur dann können sie sich so öffnen und so einbringen, wie es für den jeweiligen Prozess gut ist.

Was halten Sie von dem Zitat: „Vertrauen ist gut – Kontrolle ist besser"?
Nichts! Die Wertung, dass die Kontrolle höherwertiger sein soll als das Vertrauen, die sehe ich ganz anders. Ich sehe hier definitiv keine Gewichtung. Vertrauen braucht Unterstützung und Feedback, und das hat nichts mit Kontrolle, sondern mit Entwicklung und Befähigung zu tun.

Was halten Sie von dem Zitat: „Erfolg ist ohne Vertrauen nicht möglich. Das Wort ‚Vertrauen' umfasst alles, was wir brauchen, wenn wir Erfolg haben wollen!" (Jim Burke, ehemaliger CEO von Johnson & Johnson)?
Schön, gefällt mir! Aus meiner Sicht braucht Erfolg immer auch eine subjektive Interpretation, denn für jeden kann Erfolg etwas anderes sein und etwas anderes bedeuten. Und die Interpretation und die Verknüpfung von Erfolg mit Vertrauen gefällt mir.

Was halten Sie von dem Zitat: „Vertrauen ist die essenzielle Basis jeder ökonomischen Beziehung!" (Rolf van Dick, Universität Frankfurt)?
Ja, uneingeschränkt ja!

Was halten Sie von dem Zitat: „Ideelle Werte wie Vertrauen und Integrität lassen sich direkt in Umsätze, Gewinne und Erfolg ummünzen!" (Patricia Aburdene, Autorin von Megatrends 2010)?
Mhmm – das möchte ich hinterfragen bzw. ergänzen. Es gibt aus meiner Sicht noch mehr Faktoren als die von Patricia genannten Erfolgsindikatoren. Aus zwei Perspektiven kann ich das Zitat kaufen. Erstens, wenn es aus einer Makroperspektive gemeint ist. Zweitens, wenn ich mir erlaube, den Satz zu spiegeln. Dann wird daraus: „Wenn kein Vertrauen vorhanden ist, wenn keine Integrität vorhanden ist, dann wird es schwer mit den Umsätzen, dem Gewinn und dem Erfolg. Denn wer will in eine Geschäftsbeziehung (B2C, B2B) eintreten, wenn kein Vertrauen und keine Integrität vorhanden sind?" So könnte ich es kaufen!
Herr Hahnzog, herzlichen Dank für das Gespräch!

5.2   Marcus Lübbering – Academie Kloster Eberbach

Zur Person

Marcus Lübbering ist Vorsitzender des Vorstands der Academie Kloster Eberbach – Werte in Wirtschaft und Gesellschaft e. V. und Abteilungsleiter in der Hessischen Staatskanzlei.

Herr Lübbering, an was denken Sie, wenn Sie das Wort „Vertrauen" hören?

Vertrautheit, Offenheit und Zuwendung. Vertrauen ist die Basis, etwas aufzubauen und positive Erfahrungen – auch mit sich selbst – zu machen. Es ist auf der einen Seite etwas Geschenktes und auf der anderen Seite auch etwas sehr Verletzliches.

Ein Kind entwickelt Vertrauen in die Eltern, in die Geborgenheit zu Hause, Vertrauen wächst und wird enttäuscht. Die Kernfrage dieser Balance ist die Selbstlosigkeit, mit der die Eltern erziehen. Sie manifestiert sich darin, ob Eltern bereit sind, einen Rahmen zu schaffen, in dem sich Kinder eigenständig entwickeln können und in dem man Begabungen wahrnimmt und zum Wohle des Kindes fördert.

Auch im beruflichen Alltag stellt sich die Frage der Selbstlosigkeit. Gibt es ein gemeinsames Interesse oder dominieren Eigeninteressen? Wenn ein gemeinsames Ziel definiert ist, wenn alle für die Verwirklichung der Ziele einstehen, sich gegenseitig vertrauen und Verantwortung übernehmen, dann kann auf dieser Basis etwas gemeinsames Großes entstehen. Wenn Vertrauen fehlt, Vertrauen ausgenutzt oder „verzweckt" wird, dann wird es sofort gefährlich.

Wie definieren Sie Vertrauen?

Vom Etymologischen her geht Vertrauen auf das gotische Wort „trauan" zurück. Das hat wiederum mit Treue und mit Verlässlichkeit zu tun. Zu dieser Gruppe gehören auch die Worte „stark" und „fest" – also eine solide Grundlage, auf der ein Miteinander wachsen kann.

Warum ist Vertrauen im betrieblichen Alltag wichtig?

Die Verlässlichkeit und das Vertrauen auf vereinbarte Ziele sind wichtig, denn dadurch wird klar, wonach man sich ausrichten muss oder soll. Das gilt sowohl für eine Organisation als auch für die Beziehung von Mensch zu Menschen. Wenn Vertrauen herrscht, dann werden Ziele leichter, offener, kreativer und spielerischer erreicht, ohne dass Energie darauf verschwendet wird, sich ständig abzusichern, was denn nun gerade gilt.

Woran erkennt man, dass zu wenig Vertrauen bzw. dass sogar Misstrauen in einer Organisation herrscht?

Indizien sind ein zu hoch gefahrenes Controlling und weitreichende Kontrollsysteme. Menschen sind frustriert dann und fühlen sind gegängelt und kontrolliert. Sie versuchen, sich ständig nach allen Richtungen abzusichern, und suchen immer neu herauszufinden, was der andere, zum Beispiel der Vorgesetzte, wirklich will und ob es unausgesprochene Interessen zu berücksichtigen gilt.

Das ist auch im privaten Bereich von Bedeutung! Wie viele Beziehungen scheitern daran, dass sich einer vom anderen kontrolliert fühlt – weil eben das Vertrauen fehlt.

Ich glaube, dass vieles, was im betrieblichen Alltag schlecht läuft, etwas mit dem Thema Vertrauen zu tun hat: Wenn jemand etwa die Unwahrheit sagt, sich jemand als Scharlatan entpuppt oder seinen persönlichen Kredit verspielt, dann hat das immer auch zur Folge, dass Vertrauen verloren geht.

Wie hängen aus Ihrer Sicht die Themen Vertrauen und Motivation zusammen?

Ja, da gibt es unbedingt eine Verbindung, einen ganz unmittelbaren Zusammenhang. Wenn Menschen einem vertrauen, wenn meine Mitarbeiter mir als Vorgesetztem vertrauen, dann gehen sie für mich durchs Feuer. Und ich glaube, das ist ein Zeichen dafür, dass Vertrauen auch „Wunder" bewirken kann. Die Menschen reißen sich auf einmal ein Bein für einen aus, und sie stehen zueinander und zu einem. Nutzt man es dann aber aus, dann kann Vertrauen sehr schnell und endgültig zerstört werden – und dann auch die Motivation.

Kann man verloren gegangenes Vertrauen wieder zurückgewinnen?
Sehr schwer! Ich glaube, das dauert sehr lange. Man kann eine intakte Organisation in kürzester Zeit zerstören, indem man Vertrauen enttäuscht. Und dann braucht es aus meiner Sicht Jahre, um es wiederaufzubauen – und auch dann bleibt häufig noch latentes Misstrauen.

Warum arbeiten Politiker nicht mehr am Thema Vertrauen?
Es liegt vielleicht daran, dass die Politiker sich allzu leicht in eine Rolle hineindrängen lassen, in der die Wahrnehmung entsteht, dass sie die Fähigkeit haben, alles lösen zu können. Und obwohl das objektiv nicht leistbar ist, nehmen sie trotzdem die Alleskönner-Mentalität an. Damit steigen zunächst ihre Zustimmungswerte, aber es kommt der Tag X, an dem ein Problem nicht (sofort) gelöst werden kann. Dann stellt sich die Frage: Präsentiert sich der Politiker nun als fehlerhafter, suchender, nicht immer richtig entscheidender Mensch, oder versucht er eine nicht realistische Fassade aufrechtzuerhalten. Im zweiten Falle geht dann häufig Vertrauen in die Person und in die Politik verloren.

Ist Vertrauen ein Beziehungs- oder ein Businessthema?
Beides!

Herr Lübbering, Sie sind Vorsitzender der Academie Kloster Eberbach. Wo sehen Sie die Verbindung zwischen den Begriffen Glauben und Vertrauen?
Ich denke, dass der Glaube bei der Frage des Vertrauens eine ganz wichtige Rolle spielen kann. Unsere ersten Erfahrungen sind die kindlichen Erfahrungen mit den Eltern, da wächst das erste und wahrscheinlich das stärkste Vertrauen heran. In der Zeit des Heranwachsens wird man natürlich immer selbstständiger, und das Vertrauen wird immer Gefährdungen ausgesetzt. Man macht Erfahrungen mit Eltern, Geschwistern, Freunden, Lehrern, später auch mit Vorgesetzten und Kollegen. Diese können sich vertrauensfördernd, aber auch vertrauensschädigend auswirken.

Wenn ich nun sagen kann, es gibt ein Grundvertrauen in mir, dass da also etwas in mir ist wie ein Seelengrund oder eine innere Festigkeit, die durch nichts zerstört werden kann, dann bin ich gewappnet. Da denke ich an Teresa von Ávila: Sie hat sinngemäß gesagt, dass, was immer einem zugefügt wird oder was immer man selber angestellt hat, nichts unserer unzerstörbaren Mitte etwas anhaben kann; nichts, aber auch gar nichts kann sie beeinträchtigen. Das zu wissen, verleiht eine enorme Stärke. Damit kann man dann den äußeren Verletzungen durch andere oder auch den eigenen Verletzungen besser begegnen und diese eher ertragen.

Nachfrage: Das heißt, ich gehe weg von meinem äußeren Ego-Ich und komme an in meiner unzerstörbaren Mitte und kann mich dort immer wieder neu aufladen?

Wir müssen ganz stark unterscheiden: Zum einen gibt es das Ego und die Rollen, die wir spielen, die wir uns antrainieren können und die wir tatsächlich auch beherrschen müssen. Zum anderen gibt es das authentische innerste Selbst; das spielt eine ganz große Rolle: Es ist die Mitte, aus der man am Ende die Kraft zieht. Und aus dieser Mitte, dieser Kraft, ergibt sich dann etwas wie die geborene Führungspersönlichkeit mit all ihren Qualitäten – die jemand eben mehr oder weniger hat. Man kann sich manches antrainieren, aber wer aus der beschriebenen Mitte heraus agiert, der ist authentisch und schafft Vertrauen.

Zurück zur Wirtschaft. Ist Vertrauen ein harter Wirtschaftsfaktor?

Ja, denn ohne Vertrauen geht es nicht!

Was halten Sie von der These: „Vertrauen macht alle Prozesse schnell und hält die Kosten niedrig"?

Ich würde das so unterschreiben – mit der Einschränkung, dass sich das nicht immer sofort bzw. auf kurze Sicht hin zeigen muss. Vertrauen zu schenken kostet zunächst einmal Zeit. Alle mitnehmen, alle informieren und gleichzeitig darauf vertrauen, dass die Mitarbeiterinnen und Mitarbeiter die Informationen in ihr Handeln und in ihr Denken einbeziehen. Das ist schon ein komplexer Prozess, und der braucht, gerade in größeren Organisationen, Zeit. Aber auf lange Sicht wird diese These mit Sicherheit zutreffen.

Was halten Sie von dem Zitat: „Vertrauen ist gut – Kontrolle ist besser!"?

Das Zitat kommt doch von Lenin – der hat natürlich aus der kommunistischen Ideologie heraus dem Individuum überhaupt nicht vertraut, da musste die Partei alles richten. Das ist mit Sicherheit wenig erfolgreich, und das hat sich ja auch in der Geschichte gezeigt. Aber im betrieblichen Alltag kann ich Kontrolle natürlich auch als einen „begleitenden Ansatz" leben. Es geht nun einmal nicht ohne Kennzahlen und Systeme, die mir den Erfolg des Unternehmens aufzeigen. Aber das sind lediglich Hilfen, die die Wirklichkeit abbilden sollen, und manchmal führen Zahlen eben auch in die Irre.

Dann sind diejenigen gefordert, denen ich Vertrauen schenken kann und muss, dass sie die Zahlen analysieren und interpretieren können und mich auf eine Fehlentwicklung hinweisen und entsprechende Konsequenzen vorschlagen. Wenn ich aber mit meiner Kontrolle „überziehe" und damit Menschen „gefügig machen" will, dann wird bei ihnen die Motivation verloren gehen, mir die „Wahrheit" zu sagen. Als Konsequenz stehe ich als Vorgesetzter dann mit meinem überzogenen Controllingsystem alleine da – und ohne Vertrauen. Eine große Gefahr!

Was halten Sie von dem Zitat: „Erfolg ist ohne Vertrauen nicht möglich. Das Wort ,Vertrauen' umfasst alles, was wir brauchen, wenn wir Erfolg haben wollen!" (Jim Burke, ehemaliger CEO von Johnson & Johnson)?

Dem möchte ich zustimmen. Man kann zwar auch mit einem blinden Kadavergehorsam kurzfristig Erfolge erzwingen, aber das Zitat gilt sicher über den Tag hinaus, also zumindest mittel- und langfristig.

Was halten Sie von dem Zitat: „Vertrauen ist die essenzielle Basis jeder ökonomischen Beziehung!" (Rolf van Dick, Universität Frankfurt)?

Ja, uneingeschränkt ja!

Was halten Sie von dem Zitat: „Ideelle Werte wie Vertrauen und Integrität lassen sich direkt in Umsätze, Gewinne und Erfolg ummünzen!" (Patricia Aburdene, Autorin von Megatrends 2010)?

Nein, dem würde ich nicht zustimmen. Es ist Vorsicht geboten, weil Werte sich am Ende nicht verzwecken lassen.

Ich werde durch Vertrauen Menschen indirekt stimulieren, z. B. kreativ zu sein. Es wird dazu führen, dass sich Menschen mehr austauschen, dass neue Ideen entstehen, und dann wird das Unternehmen am Ende wohl auch erfolgreicher. Aber ich kann bei solchen Werten nicht auf den Knopf „A" drücken und erwarten, dass das Ergebnis „B" herauskommt. Es gibt ja noch 24 weitere Buchstaben, und vielleicht wird durch mein Vertrauen etwas ganz anderes, Neues herauskommen, mit dem ich überhaupt nicht gerechnet habe. Wenn ich mich auf ideelle Werte berufe, sollte ich das Ergebnis so weit wie möglich offenlassen, eben auf einer Basis gegenseitigen Vertrauens. Wer Vertrauen verzweckt, der hat aus meiner Sicht nicht genug Vertrauen!

Herr Lübbering, herzlichen Dank für das Gespräch!

5.3 Hendrik Adam – Geschäftsführer (DIA die.interaktiven)

Zur Person

Hendrik Adam ist Geschäftsführer des Digitalisierungsspezialisten „DIA die. interaktiven" in Wetzlar. Das Unternehmen versteht sich als eine neue Art der Unternehmensberatung und Agentur. Dabei verbindet DIA Marketing-, Prozess- und IT-Know-how, um integrierte Lösungen für die digitale Transformation in Marketing, Vertrieb und Service zu entwickeln – und das an allen Touchpoints entlang der gesamten Customer Journey. Das Team besteht aus über hundert erfahrenen Experten, die in der Lage sind, sowohl strategisch beratend als auch operativ begleitend aktiv zu werden.

Herr Adam, zunächst herzlichen Dank für Ihre Bereitschaft für ein Gespräch über das Thema Vertrauen. An was denken Sie, wenn Sie das Wort „Vertrauen" hören?

Vertrauen geht immer in zwei Richtungen. In meiner Rolle als Geschäftsführer ist Vertrauen in die eigenen Mitarbeiter und die Kompetenzen der Organisation ganz wichtig. Damit schafft man Wachstum und Mitarbeiterzufriedenheit. Daneben ist Vertrauen in das eigene Handeln von Bedeutung. In der Interaktion mit Kunden und Mitarbeitern ist wichtig, dass der andere erkennt, dass das eigene Tun im gegenseitigen Interesse erfolgt.

Ich muss und möchte allen Mitarbeiterinnen und Mitarbeitern unseres Unternehmens so weit vertrauen, dass sie das, was sie können, auch im Sinne der Kundenprojekte leisten. Vertrauen ist im People Business immer die Grundlage des Handelns.

Warum ist Vertrauen so wichtig?

Vertrauen ist das Fundament unserer Arbeit, weil letztendlich Kunden – wir sind ja in der digitalen Welt unterwegs – das Produkt so nicht anfassen können. Wir sind kein Produktionsunternehmen, in dem definiert werden kann, mit wie viel Newtonmeter (NM) eine Schraube angezogen werden soll. Auch kann der Kunde die Menschen, die ihm die Lösung bauen, nicht vorher messen. Er muss darauf vertrauen, dass die, die sich in einem Projekt-Pitch vorstellen und eine Lösung präsentieren, die angebotene Leistung auch erbringen können. Vertrauen ist auch deshalb wichtig, weil uns unsere Kunden in den Projekten einen essenziellen und strategisch wichtigen Teil ihres Unternehmens anvertrauen. Es geht ja häufig nicht darum, dass wir an simplifizierten, einfachen Projekten am Rand der regulären Geschäftstätigkeit aktiv werden. Vielmehr fassen wir das Herzstück an, ohne dass der Kunde vorher in Gänze überschauen kann, ob wir als Dienstleister das auch können. Der Kunde muss sich letztendlich auf der Basis dessen, was er hört, sieht und wahrnimmt, entscheiden und darauf vertrauen, dass wir das gut machen.

Bei unserem Kooperationspartner Salesforce ist das Thema Vertrauen auch als ganz wichtiger Erfolgsfaktor identifiziert worden. Warum? Bei Cloud-Diensten muss der Kunde und auch wir als Kooperationspartner darauf vertrauen, dass der Service funktioniert, die Plattform verfügbar und sicher ist und stetig weiterentwickelt wird. Das sind alles Dinge, die schwer gemessen werden können und auch im Vorfeld nicht eindeutig festzulegen sind. Zudem stehen bei Cloud-Diensten die Server nicht „im Keller" und sind damit nicht greifbar, sondern eher abstrakt. Deshalb ist auch hier gegenseitiges Vertrauen von großer Bedeutung für eine erfolgreiche Zusammenarbeit. Dann ist das Ergebnis das, was alle vorher gewollt haben: eine Software bzw. eine Plattform, die den aktuellen und zukünftigen Erfordernissen Rechnung trägt.

Kann man verloren gegangenes Vertrauen wieder zurückgewinnen?
Es ist möglich – aber aus meiner Sicht sehr schwierig, weil zu dem Vertrauensverlust immer auch innere Bilder dazugehören. Ich habe durch den ursächlichen Vertrauensbruch ja ein Bild der Situation und eine Wahrnehmung der Person, und diese Bilder haben enorme Kräfte und wirken oft blockierend oder bremsend beim Versuch, Vertrauen zurückzugewinnen. Deswegen muss man nach einem Vertrauensverlust sehr viel investieren, um das zu erreichen, was man schon geschaffen hatte. Und trotzdem ist das Ergebnis in der Regel deutlich fragiler als vorher!

Ist Vertrauen ein Beziehungsthema oder eher ein Businessthema?
Vertrauen ist ein Beziehungsthema. Geschäfte werden immer zwischen Menschen gemacht, nie zwischen Organisationen.

Herr Adam, Ihr Unternehmen „DIA die.interaktiven" arbeitet mit agilen Arbeitsmethoden. Wann und wo ist Vertrauen in einem agilen Unternehmen von Bedeutung?

Vertrauen ist, wenn man in die agile Welt eintaucht, an verschiedensten Stellen von Bedeutung. In einem agilen Unternehmen versteht man sich selbst und den Kunden als ein Team. Nicht Auftraggeber und Auftragnehmer – es gibt nur das eine Team. In einer solchen Konstellation braucht es ein sehr hohes Vertrauen zwischen beiden Partnern, um in diesem Team offen sprechen zu können, ohne dass uns dadurch Nachteile in der Kundenbeziehung entstehen. Offenheit und Transparenz sind essenzielle Bausteine agiler Arbeit und helfen typische Probleme in der Projektarbeit zu vermeiden.

Was meinen Sie mit Nachteilen?

Dies wäre der Fall, wenn der Kunde in der Zusammenarbeit den Versuch unternimmt, seinen Projektpartner zu übervorteilen, weil er eben aus dem Projektverlauf und der Offenheit heraus Informationen gewonnen hat, die er nutzt, um beispielsweise Budgets oder den Leistungsumfang nachzuverhandeln. Sprich, wenn das Vertrauen nicht vorhanden wäre, dann kann man nicht offen miteinander agieren, und die Projektqualität würde darunter zwangsläufig leiden.

Am Ende des Tages ist das Thema Vertrauen an jeder Schnittstelle relevant. In einem agil geführten Projekt gibt sich das Team das Versprechen, die für den sogenannten Sprint vereinbarten Leistungen zu liefern. Das heißt, ich vertraue darauf, dass jeder im Team das Beste tut, um dieses Ziel zu erreichen, und dies im Rahmen seiner Möglichkeiten. Das ist eine wichtige Prämisse im agilen Arbeiten. Wenn etwas nicht klappt, muss es per se ein Problem gegeben haben, das den Mitarbeiter davon abgehalten hat, das Bestmögliche zu geben und damit das Ziel zu erreichen. Hierdurch fokussiert sich die Suche nach Gründen nicht auf die Feststellung von Schuld, sondern auf die ursächlichen Themen wie zum Beispiel ungenaue Spezifikationen. Es wird darauf gebaut, dass man bei jedem Eigenverantwortlichkeit weckt und damit zu einer Teamverantwortung findet. Deshalb gibt man sich auch als Team das Versprechen und nicht als Einzelperson. Wir alle vertrauen darauf, dass dieses Versprechen funktioniert, dass Probleme rechtzeitig sichtbar gemacht werden, dass eben alle wissen: Wir wollen zu einem definierten Termin ein Ziel erreichen wollen und dafür ist dann auch mal eine Extrameile zu gehen ist.

Lassen Sie uns noch mal zur Begrifflichkeit zurückkommen. Was ist ein agiles Unternehmen – wie definieren Sie das?

Viele verbinden Agilität ja mit dem Thema Chaos: Völlig freigeistig, jeder kann, wie er will, keiner muss, und es gibt keine Regeln. Wenn man mal genau hinschaut, ist das aber ganz anders! Agilität ist ein klar reguliertes System. Man hat immer eine ganz klar definierte Reihenfolge, wie bestimmte Dinge im Prozess ablaufen, und einen Fokus auf den Wert (Business Value), den die Umsetzung von Aufgaben erzeugt. Am Anfang steht das Klären der Anforderungen im Zentrum, so dass jeder diese verstanden hat und seine Fragen stellen konnte. Im weiteren Verlauf erfolgen der tägliche Austausch in einem „Stand-up" und zum Abschluss das „Review" und die „Retrospektive", wo man über die Ergebnisse und Erkenntnisse aus dem zurückliegenden Prozess spricht und Optimierungen für den nächsten Abschnitt festlegt. Die eigentliche Arbeit an den Aufgaben hingegen wird in die Verantwortung des Teams gegeben. Sie wissen, was zu tun ist, um das Ziel zu erreichen. Dieses Prinzip und die Prinzipien kann man auf das gesamte Unternehmen übertragen.

Nachfrage: Und in diesem Zeitraum – dem Sprint – ist jeder für sich und sein Tun selbst verantwortlich und damit auch uneingeschränkt handlungsfähig?

Richtig: Wenn ich eine Aufgabe delegiere, dann überlasse ich dem Team und den Mitarbeitern oder Mitarbeiterinnen die Bearbeitung. Der zu liefernde Output ist vorher abgestimmt. Die agile Welt, wenn man das mal vom Projekt auf das Unternehmen überträgt, hat natürlich viele Vorteile. Zum einen liegt großer Fokus darauf, ein unverrückbar klares, für alle einheitliches Verständnis von der jeweiligen Anforderung herzustellen. Dies findet in fast keinem anderen Modell so statt. In tradierten Arbeitsformen geht man von der Annahme aus, dass jeder stets weiß, was gemeint ist. Dies ist aber leider nicht immer der Fall.

Durch die Art und Weise, wie man sich in agilen Prozessen oder Organisationen mit Anforderungen beschäftigt, wird ein klares Verständnis darüber hergestellt, was die Anforderungen sind, welche Abnahmekriterien vorliegen und wie die Dokumentation zu erfolgen hat. Dazu kommen die ständige Reflexion des eigenen Handelns und der systematische Verbesserungsansatz, sowie das uneingeschränkte Vertrauen in die Kompetenzen und die Entscheidungen des Teams.

Was heißt Reflexion an dieser Stelle?
Das retrospektive Betrachten der zurückliegenden Zyklen gibt einem die Möglichkeit, daraus zu lernen und das so gewonnene Wissen sofort wieder in den vor mir liegenden Prozess einfließen zu lassen. Diese kontinuierlichen Lerneffekte geben der Einzelperson und der Organisation die Chance, sich systematisch sowohl von Projekt zu Projekt als auch innerhalb eines Projektes kurzfristig zu verbessern. Das ist ja genau diese Einzigartigkeit in agilen Organisationen, dass es Dinge wie „Inspect and Adopt" gibt, und das gekoppelt an eine hohe Eigenverantwortlichkeit eines jeden.
Damit leidet ein agiles Unternehmen definitiv nicht unter völligem Strukturmangel und Chaos, sondern es bietet gleichberechtigten Leuten eine strukturierte und zugleich dynamische Plattform, um Fragen zu stellen, Input zu geben und Ergebnisse zu liefern. Es geht dabei immer um die Fragen: Was sind die Anforderungen? Welchen Wert stiften diese Anforderungen? Was wollen wir erreichen? Wie wollen wir das erreichen? Was muss dabei herauskommen? Und das Ganze umgesetzt in einem Teamversprechen.

Und wie sieht die Führung in einem agilen Unternehmen aus?
Es ist sicher ein Mythos, dass agile Unternehmen keine Führung haben. Das ist ja auch nicht richtig. Es gibt in jedem Prozess eine eindeutige Verantwortlichkeit. In einem agilen Unternehmen ist es so, dass man nicht die Denker oder die Macher hat, sondern alle müssen diese beiden Aspekte in sich vereinen. Führen heißt in einer agilen Organisation befähigen – in Bezug auf die Aufgabendurchführung, die Kommunikation und das Treffen von Entscheidungen. Hier läuft man definitiv nicht in eine Linienproblematik hinein, wie dies in klassischen Führungsstrukturen häufig passiert.

Ist Vertrauen ein harter Wirtschaftsfaktor?

Oh ja! Ein harter Wirtschaftsfaktor in dem Sinne, dass ohne notwendiges Vertrauen viele Prozesse und Abläufe nicht funktionieren würden. Nehmen wir das Beispiel Vertrieb: Wenn ich kein Vertrauen zu meinen Kunden oder Geschäftspartnern aufbauen kann – dass wir gemeinsam etwas gewinnen können –, dann wird es ziemlich zäh.

Woran erkennen Sie mangelndes Vertrauen?

Erkennbar ist es über die mangelnde Bereitschaft, sich an Prozessen und der Bereitstellung von Informationen und Feedback zu beteiligen. Und natürlich an Dingen wie verborgenen Zielen und Absichten in einer Organisation, sogenannten Hidden Agendas.

Was halten Sie von dem Zitat: „Vertrauen ist gut – Kontrolle ist besser"?

Wenn Vertrauen gut und Kontrolle besser ist, dann vertraue ich ja nicht – sonst würde ich ja nicht kontrollieren. Der Punkt ist aber auch, wenn man viel kontrolliert, dann gibt es keinen Platz für Vertrauen. Das heißt, dass man es hinnimmt, dass Prozesse ohne ständige Kontrollen nicht funktionieren.

Ich brauche aber Vertrauen, dass der oder die Verantwortliche das richtig macht – weil er oder sie es einfach kann. Das Zitat führt mich gedanklich auch zu dem Aspekt des Commitments. In einer agilen Organisation werden die Bereitschaft und das Commitment zur Übernahme einer Aufgabe abgefragt. Ganz im Gegenteil zum tradierten „Du machst das". Es gilt sich gegenseitig abzustimmen, und das muss man lernen. Es geht nicht darum, zu vermuten, was jemand leisten könnte, es geht immer um Konkretheit. Deshalb wird in einer agilen Welt aus dem tradierten „Du machst das" ein „Bist du bereit und können wir uns darauf verständigen, dass du das in den nächsten zwei Wochen erledigt bekommst?". Ein komplett anderer Ansatz, wie ich meine. Und damit sind wir auch wieder beim Punkt der Führung in agilen Organisationen angekommen. Das Thema Kontrolle bekommt in einer agilen Organisation einen anderen Zungenschlag: Kontrolle kann ein Commitment sein. Ein gutes Ergebnis basiert vielleicht auch auf dem Vorhandensein eines zweiten Paars Augen, das sich die Dinge zusätzlich anschaut, reflektiert und Impulse gibt. Kontrolle wird damit zur Unterstützung und kann durchaus als Teil des Produktes verstanden werden.

Apropos Bedeutung der Worte Produkt und Projekt: In einer agilen Organisation gibt es keine Projekte. Es gibt nur Produkte. Dies liegt darin begründet, dass ein Produkt eine Beschaffenheit und eine Funktionalität hat. Die Resultate in einer agilen Organisation sind immer funktionsfähige Produkte.

Wie sehen Sie die Relevanz von Vertrauen für den Erfolg von IT- und Veränderungsprojekten?

Die menschliche Schnittstelle ist die komplizierteste. Technologie ist gut zu beherrschen durch die vorhandenen Erfahrungen und die Qualität der Produkte. Nehmen wir „Salesforce" als Beispiel. Die Technologie ist fertig, die kann man benutzen, und hier entstehen fast keine Fehler. Die meisten Probleme, wenn man sich den gesamten Projektverlauf und die Projektanalysen anschaut, entstehen an der Schnittstelle Mensch-Maschine-IT. Wie bekomme ich den Anwender dazu, das System zu nutzen, das wir „in seinem Sinne" dort gebaut haben? Das ist die Kernfrage, die es zu beantworten gilt. Deshalb ist der Aspekt Vertrauen gerade in IT-, Reorganisations- und Veränderungsprojekten ein wesentlicher Schlüsselfaktor für die erfolgreiche Projektdurchführung.

Herr Adam, herzlichen Dank für das Gespräch!

5.4   Heiko Thieme – Globaler Anlagestratege

Zur Person

Heiko Thieme – seit 50 Jahren im Finanzsektor tätig – begann nach dem Jurastudium in Deutschland seine berufliche Laufbahn in Edinburgh und London, bevor er nach New York ging. Als globaler Anlagestratege und Fondsmanager erhielt er etliche internationale Auszeichnungen. An der Pace University hielt er sechs Jahre lang Vorlesungen, und für die FAZ (Frankfurter Allgemeine Zeitung) schrieb er über 16 Jahre hinweg eine viel beachtete Wochenkolumne. In seinem Fondsgeschäft bildete er mehr als 300 junge Menschen aus. Wirtschaft, Politik und Börse sind die Themen seiner zahlreichen Interviews und Vorträge. Seine Anhänger nennen ihn den „Jules Verne der Börse". Das Motto des 77-jährigen Marathonläufers lautet: „Der Pessimist ist der einzige Mist, auf dem nichts wächst!"

Herr Thieme, an was denken Sie, wenn Sie das Wort „Vertrauen" hören?

Vertrauen ist die Basis im Alltagsleben und in jeder zwischenmenschlichen Beziehung von Familienmitgliedern, Ehepartnern, Freunden und auch im Geschäftsbereich. Vertrauen stellt die Basis für eine gut funktionierende Kommunikation im Leben dar.

Was ist für Sie Vertrauen?

Ehrlichkeit, Offenheit.

Warum ist Vertrauen so wichtig?

Vertrauen ist in unserem täglichen Leben und Geschäftsumfeld sowie auch in der Politik eines der wichtigsten Elemente im Aufbau und Erhalt von Verbindungen, Beziehungen und auch von Geschäftsabläufen und politischen Prozessen. Das heißt, Vertrauen ist die Basis für alles, was eine Gesellschaft prägt und funktionsfähig macht. Ohne Vertrauen funktioniert keine Gesellschaft. Wenn Misstrauen im Vordergrund steht, ist eine Gesellschaft sehr fragil und kann letztendlich nicht erfolgreich sein.

Kann man verloren gegangenes Vertrauen wieder zurückgewinnen?

Ja, das ist wichtig. Man muss im Leben auch vergeben können. Das heißt, wenn das Vertrauen einmal enttäuscht oder sogar gebrochen wurde, sollte man dem anderen eine zweite Chance einräumen. In Deutschland gibt es das Sprichwort: „Wer einmal lügt, dem glaubt man nicht, und wenn er auch die Wahrheit spricht." Wenn man diesen Satz auf das Vertrauen bezieht, dann bin ich dafür, dass man eben trotz des Vertrauensbruchs eine zweite Chance gibt. Ich bin ein Mensch, der immer eine zweite Chance einräumt. Wird das Vertrauen jedoch regelmäßig gebrochen, dann gibt es kaum eine Verhandlungsbasis mehr, und der andere steht schnell im Abseits. Vertrauen entsteht durch kurze oder auch langjährige Erfahrung mit einer Person. Wenn ein Vertrauensbruch nach Jahren entsteht, dann ist er umso gravierender! Aber auch dann sollte man nicht alle Türen verschließen.

Sie sind ja auch viel im angloamerikanischen Umfeld unterwegs. Geht man dort anders mit Vertrauensbruch um?

Man ist da etwas großzügiger mit der zweiten Chance! Im Geschäftsleben zum Beispiel wird ein Konkurs nicht so negativ gesehen wie in Deutschland, wo dieser Makel einem als gravierender Fehler fast ein Leben lang anhaftet. In den USA wird dagegen ein Konkurs eher als eine Erfahrung betrachtet, um es nächstes Mal besser zu machen! Nach dem Motto: Aus Erfahrung wird man klug. Deshalb räumt man bereitwillig eine zweite Chance ein. Das sieht man auch in den meisten Lebensgeschichten erfolgreicher Personen, die häufig mit einem Misserfolg oder Konkurs anfingen, was dann oft die Basis für den anschließenden Erfolg war. Der Vertrauensbruch in einem Geschäft, egal worauf er beruhte, sollte also nicht dazu führen, dass der Mensch keine zweite Chance erhält.

Auch im persönlichen Leben – bei Freundschaften und in der Ehe – sollte es eine zweite Chance geben. Allerdings schwindet die Vertrauensbasis bei einem wiederholten Vertrauensbruch. Nur im Sport ist es anders. Wer beispielsweise im Golfspiel schummelt, dem vertraut man nicht mehr!

Ist Vertrauen ein Beziehungsthema oder eher ein Businessthema?

Beides! In meinem Geschäftsleben spielt das Vertrauen eine entscheidende Rolle. Wenn ich ein Geschäft abschließe, kann ich mich natürlich mit juristischen Verträgen und Versicherungen absichern, aber am Ende kommt es auf das Vertrauen an. Was nützen Verträge und Versicherungen, wenn hinterher die andere Partei sagt: „Ich bin pleite und kann nichts mehr leisten."

Mit anderen Worten: Das Vertrauen ist eine ganz wesentliche Grundlage im Geschäftsleben und gerade auch an der Börse, womit ich mich seit nunmehr 50 Jahren beschäftige. Dort gilt der lateinische Spruch: „dictum meum pactum", das heißt: „Mein Wort ist mein Bond." Mein Wort ist damit wichtiger als jeder schriftliche Vertrag. Das Gleiche gilt natürlich auch im Privatleben.

Sie sprechen den Finanzmarkt an. Können Sie Ihre Ausführungen noch weiter ergänzen?

Die Relevanz liegt darin, dass für mich das gesprochene Wort gilt. Ich möchte keinen 100-seitigen Vertrag durcharbeiten müssen, um die versteckten Winkelzüge des Vertragspartners zu erkennen. Das ist kein Vertrauen. Vertrauen basiert hier auf dem gemeinsamen Aushandeln von Konditionen – auch bei internationalen Verträgen zwischen Ländern. Dann haben wir die Gerichte, die jedes geschriebene Wort auslegen, aber im Endeffekt geht auch da ohne Vertrauen nichts. Vertrauen ist die essenzielle Basis im privaten, geschäftlichen und öffentlichen Leben.

Würden Sie sagen, dass Vertrauen ein harter Wirtschaftsfaktor ist?

Es ist ein wesentlicher Wirtschaftsfaktor! Hart nicht – aber wesentlich! Nach Abschluss von Verträgen hat mich mein Jurist auch schon mal gefragt: „Warum hast du den Vertrag abgeschlossen – mit jemandem, den du kaum kennst?" Ich antwortete dann häufig: „Ich habe Vertrauen in diese Person gewonnen."

Vertrauen kann auch heißen: „Trust, but verify" – wie es Ronald Reagan oft gesagt hat. Dem würde ich nicht widersprechen. Man kann gegebenes Vertrauen auch einmal prüfen, um festzustellen, ob es tatsächlich Bestand hat, gerade dann, wenn ich Hinweise habe, die der Vertrauensbasis widersprechen. Aber es wäre falsch, jetzt von Misstrauen zu sprechen. „Trust, but verify" ist kein Widerspruch, sondern eine Ergänzung und stärkt vielleicht sogar die Vertrauensbasis.

Was halten Sie von der These: „Vertrauen macht alle Prozesse schnell und hält die Kosten niedrig"?

Das ist im Prinzip richtig. Man kann durch Vertrauen Kosten sparen. Ich habe vorher von 100-seitigen Verträgen gesprochen, die mitunter sicherlich notwendig sind, aber auch einiges kosten. Geht die Gegenseite jedoch pleite, so ist ein solcher Vertrag mitunter wenig wert. Es ist viel wichtiger, dass die Vertrauensbasis da ist und damit Abwicklungsprozesse beschleunigt und auch preiswerter gestaltet werden können.

Sie kommen aus der Finanzbranche. Häufig höre ich: „In meiner Bank geht es nicht mehr um mich, meine Ideen und schon gar nicht um persönliches Vertrauen." Was meinen Sie dazu?

Da sprechen Sie einen wichtigen Punkt an. Unsere heutige Gesellschaft wird in vielen Bereichen von Technologie und Computern bestimmt. Menschen werden dabei nur noch als Nummer kategorisiert, ohne die Person dahinter zu betrachten. Das frühere Bankgespräch war ja so, dass wir die örtliche Bank (Niederlassung) hatten, und da kannte halt der Bankangestellte oder die Filialleitung den Kundenkreis. Man vergab Kredite auf Basis der gegebenen Vorgaben, aber auch auf Basis des Gefühls und der Kenntnis eines Kunden. Vertrauen spielte dabei eine entscheidende Rolle. Ich halte dies für sehr wichtig. Das wurde in den letzten Jahren in vielerlei Hinsicht übersehen und ist nicht berücksichtigt worden. Deshalb ist das Bankgeschäft ein sehr unpersönliches Geschäft geworden. Je unpersönlicher wir werden, desto mehr werden wir von rein statistischen Betrachtungen abhängig. Und ein Leben nur auf Basis von Statistik ist ein sehr leeres Leben. Ja, da wurden und werden sehr viele Fehler gemacht.

Woran erkennen Sie mangelndes Vertrauen?

Wenn jemand permanent nach Beweisen sucht, die man nicht erbringen kann. Dass jemand stets Absicherung fordert, die zu hoch gegriffen ist. Wenn jemand ständig davon ausgeht, man würde versagen. Wenn jemand einem den Vertrauensvorschuss nicht geben möchte. Vertrauen ist auch ein gewisses Wagnis, man vertraut dem anderen und geht das Risiko ein, dass der andere dieses Vertrauen vielleicht bricht. Man darf jedoch nicht naiv sein. Wir haben das im Fall „Bernard L. Madoff" gesehen, der in den USA als Vermögensverwalter über 60 Mrd. $ veruntreut hatte. Hier hat die Finanzaufsicht (SEC) nicht nachgefragt, was er gemacht hat und auf welcher Basis die scheinbaren Superergebnisse zustande gekommen sind. Man hat nicht richtig hingeschaut – das war naives Vertrauen.

Was halten Sie von dem Zitat: „Vertrauen ist gut – Kontrolle ist besser"?
Die Kombination beider Aussagen ist richtig! Vertrauen ist gut, ist dabei die Basis. Kontrolle zu ignorieren wäre jedoch ein Fehler. Dieses Zitat trifft eher auf Personen zu, die ich nicht oder kaum kenne. Wenn ich dagegen eine Person seit 20 Jahren kenne, dann sollte das Vertrauen größer sein und die Kontrolle dementsprechend geringer. Je weniger ich eine Person kenne, desto stärker sollte die Kontrolle sein. Man kann ja nicht einfach blind vertrauen. Das Gleiche trifft im Geschäftsleben zu und auch in der Politik

Wenn ich das Gefühl habe zu misstrauen, dann fehlen mir einfach Informationen, um zu vertrauen. Wie stehen Sie zu dieser „Herangehensweise"?
Ja, das ist schön formuliert. Wenn sich jemand in meinem Fondsgeschäft bewarb, wie ging ich dabei vor? Ich habe Menschen oft schnell eingestellt und gesagt: „Ihr könnt morgen anfangen." Dabei habe ich wenige Bewerbungsunterlagen wirklich vollständig angeschaut. Denn keiner schreibt Kritisches oder Negatives in seine Bewerbung hinein, deshalb kann ich mir das schenken. Wenn jemand vor mir sitzt und die Person macht einen guten Eindruck und erfüllt alle notwendigen Qualifikationen, dann sage ich spontan: „Sie können morgen anfangen. Ich gebe Ihnen und mir zwei bis drei Monate, dann sage ich Ihnen, ob wir zusammenpassen, und wir entscheiden, ob wir weitermachen oder uns verabschieden." Das klingt simpel, war aber sehr erfolgreich! Nicht einmal habe ich einen Angestellten entlassen! Vertrauen wird jeden Tag bestätigt, aber man fängt nicht Tag für Tag wieder bei null an. Vertrauen ist

wie ein Berg, den man besteigen möchte, so wie ich 1972 das Matterhorn bestiegen habe. Ich habe das geschafft, aber jeder Schritt war eine Herausforderung. Und so ist das, wenn Sie mit jemandem arbeiten – dann vertraut man sich und nach einer gewissen Zeit sogar blind. Es entsteht eine Basis, die nicht täglich neu gecheckt werden muss. Es gibt aber auch Tätigkeiten, da muss man immer wieder das Vertrauen überprüfen. Vertrauen ist nicht ein Begriff, der eine einseitige Definition hat. Vertrauen muss mehrschichtig interpretiert werden, und es kommt auf die unterschiedlichen Lebensumstände und Situationen an.

Wie stehen Sie zu dem Zitat: „Trust is the most important quality of a bank" (Jean Pierre Mustier, CEO der Unicredit Group)?

Richtig! Der Geschäftserfolg einer Bank beruht auf Vertrauen, wie ich bereits an anderer Stelle erläuterte. Übertragen wir das einmal auf einen Industriezweig – die Automobilbranche. Hier wurde im September 2015 das Vertrauen wegen verfälschter Daten, Stichwort „Dieselskandal", erschüttert. Man hatte den Kunden „bewusst betrogen", und damit ging das über Jahrzehnte erworbene Vertrauen in die deutsche Autoindustrie verloren. Dies wieder aufzubauen wird verdammt schwer. Das Vertrauen bezieht sich nicht nur auf das Bankgeschäft, sondern auch auf den Autohersteller, meinen Arzt oder den Fleischer um die Ecke, um nur einige zu nennen. Vertrauen ist die Basis unserer Gesellschaft.

Vertrauen muss erworben werden. Je ehrlicher Menschen sich gegenüber anderen Menschen verhalten, umso besser geht es. Mit Vertrauen kann man wunderbar leben – aber Vertrauen beruht auf Ehrlichkeit.

Herr Thieme, herzlichen Dank für das Gespräch!

5.5   Katrin Pucknat – Präsidentin (ResMed Germany Inc.)

Zur Person

Katrin Pucknat trägt als Präsidentin der Dachorganisation ResMed Germany Inc. mit Sitz in München die Verantwortung für das gesamte Deutschlandgeschäft von ResMed mit drei deutschen Tochtergesellschaften. Seit 2017 sitzt sie zudem im globalen Konzernvorstand.

ResMed (NYSE: RMD, ASX: RMD) ist Vorreiter in der Entwicklung innovativer und digitaler Lösungen für die Schlaf- und Beatmungstherapie vor allem im außerklinischen Einsatz. Damit ermöglicht das Unternehmen mit Hauptsitz in den USA und Niederlassungen in über 70 Ländern weltweit Patienten mit chronischen Erkrankungen (z. B. schlafbezogene Atmungsstörungen und COPD) ein besseres Leben außerhalb des Krankenhauses. Stolz ist das Unternehmen auf cloudbasierte Softwarelösungen, die Ärzte, Fachpersonal und Pflegekräfte dabei unterstützen, Patienten in ihrer häuslichen Umgebung oder einer Pflegeeinrichtung optimal zu betreuen.

Frau Pucknat, an was denken Sie, wenn Sie das Wort „Vertrauen" hören?

Vertrauen ist für mich ein sehr gewichtiges Wort. Um Vertrauen zu schaffen, muss man auf der einen Seite viel Arbeit investieren – auf der anderen Seite kann Vertrauen sehr schnell zerstört werden. Ja, man muss hart und manchmal Jahre daran arbeiten, um Vertrauen zu entwickeln. Vertrauen stellt im Kontext mit dem Thema Leadership eine der größten Herausforderungen dar.

Warum ist Vertrauen so wichtig?

Vertrauen wird zunehmend wichtiger. In der Vergangenheit konnte sich Vertrauen durch eine gewisse Beständigkeit und Vorhersehbarkeit der Dinge entwickeln – sowohl bei den Mitarbeitern als auch bei den Führungskräften. Durch die Digitalisierung beginnt sich die Welt jedoch wesentlich schneller zu bewegen, und das Gefühl „Ich befinde mich in einer Realität, die immer gleich ist", lässt sich nicht mehr länger aufrechterhalten. Veränderung wird zum Dauerbrenner, Veränderung begleitet uns jeden Tag und erzeugt nicht selten Stress und Abwehrverhalten. Um mit diesem Stress umgehen zu können, muss man Resilienz aufbauen, muss Veränderungen mental akzeptieren und als etwas durchaus Positives annehmen. Für uns als Führungskräfte heißt es im Kontext von Vertrauen, dass wir den Menschen nicht mehr versprechen können, wie die nächste Woche oder das nächste Jahr oder die Welt in fünf Jahren aussehen wird. Wir wissen ja selber nicht genau, was auf uns zukommt. Ich denke, dies hat uns COVID-19 sehr eindrücklich gezeigt. Gleichzeitig müssen wir aber als Führungskräfte für eine Zielklarheit sorgen: „Ich weiß, wo wir hinwollen, und glaube auch zu wissen, wie wir dort hinkommen!" Das, worauf ich mich anstelle klarer Vorhersagen in der Kommunikation fokussiere sind sogenannte „Guard Rails" – oder besser gesagt: bestimmte Rahmenbedingungen, die ich entwerfe, die uns, unseren Mitarbeiterinnen und Mitarbeitern und unseren Kunden eine Orientierung geben, wohlwissend, dass es sich jeden Tag ändern kann, wie wir dann am Ende zum Ziel kommen.

Diese Unbestimmtheit, wie man sie aus der VUCA-Welt (Volatility, Uncertainty, Complexity, Ambiguity) kennt, gilt es zu bewältigen. Das ist die große Herausforderung, dass wir – aktuelle und zukünftige Führungskräfte – die Sicherheit, die die Menschen prinzipiell beanspruchen, durch Vertrauen ersetzen müssen.

Kann man verloren gegangenes Vertrauen wieder zurückgewinnen?

Ja, kann man – es ist aber schwer, und es kommt darauf an, wie das Vertrauen zerstört worden ist. Sowohl im Bereich Leadership als auch in einer privaten Beziehung macht es einen Unterschied, wie das Vertrauen zerstört wird: ob mutwillig oder durch äußere Umstände bedingt. Wirken externe Faktoren, auf die man selbst keinen Einfluss hat, wird es deutlich leichter, Vertrauen wiederzugewinnen. Auch mir kann es passieren, dass ich etwas tun will, was mir absolut wichtig ist, doch dann passiert etwas, so dass es mir nicht mehr möglich ist, dies umzusetzen. Wenn ich dies offen anspreche, erkläre und meinen Mitarbeitern Verständnis vermitteln kann, warum ich den „anderen" Weg gehen musste und damit das ursprüngliche Versprechen nicht einhalten konnte, dann kann man sich gewiss ein Grundvertrauen bewahren. Aber ohne Erklärung und offene Kommunikation wird es sicher schwer, das gewachsene Vertrauensverhältnis aufrechtzuerhalten.

Ist Vertrauen ein Beziehungsthema oder eher ein Businessthema?
Beides! Business ist ein Beziehungsthema! Im Business leben wir von
Beziehungen – zum Mitarbeiter und zum Kunden. Aus Kundensicht ist
es häufig die Beziehung zur Marke. Aus Sicht des Unternehmens und
meiner Rolle als Führungskraft ist das selbstverständlich immer die Beziehung zu meinen Mitarbeitern, und die wird ganz massiv von mir und
meinem Verhalten geprägt. Je höher man in der Hierarchie steigt, umso
stärker beeinflusst das Tun und Handeln die Beziehung der Mitarbeiter
zum Führungsteam und zum Gesamtunternehmen. Deswegen kann
man die Dinge nicht voneinander getrennt sehen. Prinzipiell gilt aber:
Was ich tue, hat immer auch wesentlichen Einfluss auf die Wahrnehmung und das Vertrauen in die Marke ResMed, das Vertrauen in das
Führungsteam und auf das Unternehmen als Arbeitgeber unserer Mitarbeiter.

Würden Sie sagen, dass Vertrauen ein harter Wirtschaftsfaktor ist?
Makroökonomisch weniger, aber in Bezug auf den direkten „Ge-
schäftserfolgsfaktor", ja, da sehe ich Vertrauen als einen der wichtigsten
Aspekte für den geschäftlichen Erfolg. **Warum?** In Unternehmen, die
innerbetrieblich eine sehr starke Vertrauenskultur etabliert haben, wissen
die Mitarbeiter, wo es hingeht, fühlen sich wertgeschätzt und sicher und
sind in der Regel deshalb stärker motiviert und resilienter. Durch die Vertrauensbasis zu ihren Führungskräften sind sie eher bereit, Vorgaben und
Ansagen zu akzeptieren und mitzugehen. Ich wage jetzt mal eine Hypothese: In einem Unternehmen, das sehr viel Vertrauen bei seinen Mitarbeitern genießt, denke ich, dass es weniger „Flurfunk" und Gerüchte
gibt, die einem Unternehmen ohne Frage die Produktivität nehmen können. Das ist ein direkter wirtschaftlicher Faktor.

Aus Kundensicht ist die Kaufentscheidung sicher häufig auch eine Ver-
trauensfrage. Ich vertraue da weniger den sozialen Medien, denn es fällt
hier durchaus schwer zu entscheiden, ob „Fake News" oder echte Informationen vorliegen. Ich verlasse mich da eher auf eine Vertrauensperson,
die sagt: „Das ist ein gutes Produkt." Oder ich habe durch die kontinuierliche Nutzung Vertrauen zu einer Marke, einem Produkt entwickelt.
Apple ist da ein schönes Beispiel. Ich habe ein riesiges Vertrauen in die
Marke Apple, weil alles, was ich gekauft habe, auch einfach funktioniert.

Das ist über Jahre gewachsen, weil ich selbst positive Erfahrungen gemacht habe.

Je weiter ich darüber nachdenke, umso stärker erkenne ich, dass Vertrauen die Erfolgswährung der Zukunft ist! Sowohl in Bezug auf die Performance im Unternehmen als auch auf die Kundenbindung und -loyali-
tät. Die Vertrauensorientierung eines Unternehmens kann einen massiven
Wettbewerbsvorteil ausmachen.

**ResMed ist ein Unternehmen der Gesundheitsbranche. Wird das
Thema deshalb nochmals anders bespielt?**

Ja, das ist durchaus der Fall, denn bei ResMed haben wir ja noch ein
ganz besonderes Vertrauensthema. Wir sind mittlerweile weltweit das
größte digitale Gesundheitsunternehmen, und jede Nacht sind 12 Millionen Menschen über unsere Cloud an das ResMed-Datensystem ange-
bunden. Unsere Patienten sind Menschen mit schweren Erkrankungen,
die unterschiedliche Arten von Beatmungstherapien von der Schlafapnoe
bis hin zu schweren respiratorischen Erkrankungen nutzen. Es ist sicher
leicht nachzuvollziehen, dass dies gerade in Zeiten von COVID-19 ein
ganz wichtiges Thema war und ist. Deshalb sehen wir uns täglich mit
Themen wie Cybersecurity und Datenschutzsystemen konfrontiert. Dazu
kommen die Bedenken der Menschen, ihre persönlichen Gesundheits-
daten preiszugeben. Deshalb ist ResMed kein normales Unternehmen.
Wir verkaufen eine medizinische Leistung an Menschen mit einer schweren Erkrankung und brauchen deshalb deren uneingeschränktes Vertrauen. Das können wir nur aufbauen, indem wir mit den persönlichen
Daten und den Krankheitsbildern extrem sensibel umgehen – mit einer
wahnsinnig großen Wertschätzung und ganz viel Respekt – und da investieren wir auch unglaublich viel.

**Was halten Sie von dem Zitat: „Vertrauen ist gut – Kontrolle ist
besser"?**

Über die letzten Monate (COVID-19) haben wir eine große Zahl an
Mitarbeitern aus der Sachbearbeitung ins Homeoffice transferiert. In diesen Bereichen sind jeden Tag viele Transaktionen zu bewältigen, und natürlich haben wir über die Themen Leistung und Performance nachge-
dacht. Wir sind aber mit viel Vertrauensvorschuss rangegangen – und

statt eines Leistungseinbruchs haben wir eine Zunahme an Produktivität gesehen. Das hat uns natürlich gefreut und bestärkt.

Was sagen Sie zu dem Thema „schwarze Schafe"?

Es gibt immer wieder schwarze Schafe, und es gibt auch die Realität, dass jemand das System ausnutzt. Aber von der Grundphilosophie her möchte ich ein Unternehmen haben, in dem eine Kultur herrscht, in der ich meinen Mitarbeitern Vertrauen schenken kann und natürlich auch Vertrauen zurückbekomme!

Klar sollen auch unsere Zahlen stimmen, aber das soll nicht bedeuten, dass man jeden Einzelnen kontrollieren muss. Ich möchte keine Kontrollkultur, sondern eine Leistungskultur. In einer solchen Kultur geben Menschen jeden Tag mit Begeisterung und Freude das Beste, weil sie an den Sinn, an die Bestimmung und an die Wichtigkeit ihrer Aufgaben im Unternehmen glauben.

Was halten Sie von dem Zitat: „Erfolg ist ohne Vertrauen nicht möglich. Das Wort ‚Vertrauen' umfasst alles, was wir brauchen, wenn wir Erfolg haben wollen" (Jim Burke, ehemaliger CEO von Johnson & Johnson)?

Das wäre schön, wenn es so wäre. Aber es gibt auch genug Beispiele, wo Menschen Erfolg hatten, die nicht so vertrauensorientiert „getickt" haben.

Wenn ich das Zitat als einen Hinweis auf eine „Leadership der Zukunft" interpretiere, dann würde ich das absolut unterschreiben. Für Leader der Zukunft, für Leader in einer zunehmend digitalen Arbeitswelt und für Leader, die erfolgreich durch die COVID-19-Pandemie gegangen sind, ist Vertrauen wahrscheinlich die stärkste Währung, die sie haben können. Und wenn du Vertrauen hast, dann hast du schon unheimlich viel geschafft.

Auf der anderen Seite ist Vertrauen auch nicht alles. Wenn du erfolgreich sein willst, musst du auch strategisch denken können und in der Lage sein, solide Geschäftsentscheidungen zu treffen. Vertrauen ist eines der wichtigsten Elemente, das man nicht so einfach dazukaufen oder lernen kann. Aber es ist nicht das Einzige, was uns am Ende zum Ziel führt.

Frau Pucknat, herzlichen Dank für das Gespräch!

5.6 Steffen Ball – Managing Director (Ballcom GmbH)

Zur Person

Steffen Ball, Geschäftsführer der Kommunikationsagentur Ballcom Digital Public Relations, beschäftigt sich täglich mit dem digitalen Mindset, mit Zukunftshypes und -ängsten, mit neuem Denken und alten Werten. Ballcom berät Unternehmen, Verbände, Kommunen und Ministerien in Fragen rund um die Marken-, Krisen- und Digitalkommunikation. Der ehemalige BILD-Redakteur, Blattmacher und Leiter der Konzernkommunikation eines internationalen Unternehmens ist Mitglied des „Future Circle" des Zukunftsinstituts und Dozent für Krisenkommunikation.

Herr Ball, an was denken Sie, wenn Sie das Wort „Vertrauen" hören?
An Heimat, an das Elternhaus, an die Familie.

Was ist für Sie Vertrauen?
Als Führungskraft die Fähigkeit, anderen Menschen Intelligenz, gesunden Menschenverstand und Kompetenz zuzubilligen. Ein wertvolles, zu bewahrendes Gut für alle journalistisch Tätigen und deren Rezipienten, ein zu schaffendes Gut im Marketing und insbesondere, Stand Juni 2020, in den sozialen Medien.

Warum ist Vertrauen so wichtig?
Weil unsere demokratische Gesellschaft sonst nicht überlebensfähig wäre. Das Gegenteil von Vertrauen ist Überwachungsstaat. Als Medienschaffender, der auch im Bewahren und Gestalten von Marken tätig ist, ist Vertrauen neben der Emotion das wertvollste Gut. Marken können nur durch entgegengebrachtes Vertrauen werthaltig werden und damit Werte schaffen. Im Bereich der Medien ist Vertrauen mit Glaubwürdigkeit gleichzusetzen – und ohne glaubwürdige Medien, die von einem Großteil der Bevölkerung als wahrhaftig angesehen werden, sind demokratische Strukturen nicht möglich. Die Wächterfunktion der Medien, die den politisch Mächtigen auf die Finger schauen, ist ein Vertrauensvorschuss, den die Rezipienten den Medienschaffenden einräumen. Er muss tagtäglich, im Fernsehen, im Radio, in der Zeitung, in den Social Networks, zurückgezahlt werden.

Kann man verloren gegangenes Vertrauen wieder zurückgewinnen?
Ja, durch Buße und Wahrhaftigkeit. Bei den Medien gibt es ein unge-
schriebenes Gesetz, das lautet: Wo Rauch ist, ist auch Feuer. Insofern
werden gute Journalistinnen und Journalisten dem Rauch nachgehen (re-
cherchieren), um zum Ursprung des Feuers zu gelangen. Ist ein Fehlver-
halten aufgedeckt und somit Vertrauen verspielt worden, gelten die
Grundregeln der Krisenkommunikation: Alle Karten müssen auf den
Tisch, es muss Buße getan werden und es muss für die Zukunft wahrhaftig und glaubwürdig versichert werden, dass sich die Missstände, die
angeprangert wurden, dauerhaft verändern.

Ist Vertrauen ein Beziehungsthema oder eher ein Businessthema?
Es gibt meines Erachtens keine Trennlinie zwischen Beziehung und
Business. Ich halte auch nichts von den Unterscheidungen B2C und
B2B. Geschäfte werden weiterhin und zum allergrößten Teil zwischen
Menschen gemacht. Man könnte also von Business2Human sprechen.
Und in jeder geschäftlichen Beziehung spielt das Vertrauen eine nach-
haltige Rolle, um gemeinschaftlich erfolgreich zu sein.

**Wann und wo ist Vertrauen besonders wichtig – gerade auch in
Ihrem Business?**
Bei allen Arten von Public Relations, also der Beziehungsarbeit zwischen relevanten Stakeholder-Gruppen, insbesondere in der Marken-
und Krisenkommunikation. Die Frage, welche Produkte und Dienstleistungen Menschen zukünftig kaufen werden, ist maßgeblich mit dem
aufgebauten Vertrauen verbunden. Insofern ist gute, ehrliche PR-Arbeit
immer Vertrauensarbeit. Auch bei der Fragestellung, wie die politisch
Handelnden in Zukunft weiterhin Gestaltungsmacht aus der Mitte der
Gesellschaft und nicht vom Rand erhalten, ist Vertrauen (in die Fähigkeiten und Handlungen der politisch Tätigen) essenziell.

**Besonders wichtig auch oder gerade im Kontext „Medien" und
„Werbung"!?**
Ja, wie bereits oben beschrieben (Marken, Krise).

Ist Vertrauen ein harter Wirtschaftsfaktor?

Selbstverständlich. Gerade in einer aufgeklärten Gesellschaft, die immer mehr nachhaltige Kriterien für ihre Kaufentscheidung nutzt. Menschen bevorzugen den Metzger, der mit „gutem Fleisch" arbeitet. Sie werden künftig bei dem Unternehmen ihre Lebensmittel kaufen, das entweder regionale oder nachhaltig produzierte Produkte anbietet. Nachhaltigkeit mit all ihren Facetten, also der Umgang mit Menschen, die Art zu kommunizieren, die Art zu produzieren – ressourcen- und menschenschonend –, wird zukünftig einer der wichtigsten Wirtschaftsfaktoren sein. Nachhaltigkeit hat eine Schwester, sie heißt Vertrauen.

Was erzeugt aus Ihrer Sicht Misstrauen?

Die Lüge. Und das Nichtbeschäftigen mit der Frage nach Haltung.

Woran erkennen Sie mangelndes Vertrauen?

Im Businessleben: am Aktienkurs und an den Verkaufszahlen.

Was halten Sie von der These: „Vertrauen macht alle Prozesse schnell und hält die Kosten niedrig"?

Sie macht Sinn, beispielsweise beim Umgang der Mitarbeiterinnen und Mitarbeiter untereinander und in der Linienführung.

Wie denken Sie über das Zitat: „Vertrauen ist gut – Kontrolle ist besser"?

Nichts. Kontrolle ist gut – Vertrauen ist besser.

Was ist Ihre Meinung zu dem folgenden Zitat: „Erfolg ist ohne Vertrauen nicht möglich. Das Wort ‚Vertrauen' umfasst alles, was wir brauchen, wenn wir Erfolg haben wollen" (Jim Burke, ehemaliger CEO von Johnson & Johnson)?

Es ist die Sichtweise eines weisen Mannes.

Was meinen Sie zu diesem Zitat: „Vertrauen ist die essenzielle Basis jeder ökonomischen Beziehung" (Rolf van Dick, Universität Frankfurt)?

Ich teile dies zu 100 %, wie man an meinen Antworten ja auch erkennen kann.

Herr Ball, herzlichen Dank für das Gespräch!

6

Schlusswort und Zusammenfassung

Zusammenfassung Vertrauen ist eine Grundvoraussetzung und ein zentrales Merkmal der erfolgreichen Gestaltung von Beziehungen und Interaktionen im geschäftlichen Kontext, und es lohnt sich, Vertrauen als „Führungsstrategie" im Unternehmen zu etablieren.

Im vorliegenden Buch hat der Autor den Bogen gespannt von der ökonomischen Bedeutung und Relevanz über die begriffliche Herleitung bis hin zu einer strukturierten und praktisch anwendbaren Darstellung, wie Vertrauen entsteht. Abgerundet durch klare Handlungsempfehlungen und die Einordnung des Themas durch Persönlichkeiten mit unternehmerischem sowie auch gesellschaftspolitischem Weitblick.

Der Autor zeigt auf, dass es sich lohnt, den eigenen Handlungs- und Führungskompass in Richtung Vertrauen und Vertrauenskultur auszurichten.

Ich möchte die Zusammenfassung mit einer Aussage von Katrin Pucknat aus ihrem Interview (siehe Abschn. 5.5) beginnen: „Auf der anderen Seite ist Vertrauen auch nicht alles. Wenn du erfolgreich sein willst, musst du auch strategisch denken können und in der Lage sein, solide Geschäfts-

© Der/die Herausgeber bzw. der/die Autor(en), exklusiv lizenziert durch Springer-Verlag GmbH, DE, ein Teil von Springer Nature 2020
W. Schön, *Vertrauen, die Führungsstrategie der Zukunft*,
https://doi.org/10.1007/978-3-662-61971-1_6

entscheidungen zu treffen. Vertrauen ist eines der wichtigsten Elemente, das man nicht so einfach dazukaufen oder lernen kann. Aber es ist nicht das Einzige, was uns am Ende zum Ziel führt." Sie hat recht, Vertrauen ist nicht alles, es ist aber ein bedeutender ökonomischer Faktor, und die Fähigkeit, Vertrauen aufzubauen, gilt als eine der Schlüsselkompetenzen in der Wirtschaft. Vertrauen ist eine zentrale Voraussetzung und ein zentrales Merkmal der erfolgreichen Gestaltung von Beziehungen und Interaktionen im geschäftlichen Kontext. Es lohnt sich deshalb, Vertrauen als „Führungsstrategie" im Unternehmen zu etablieren. Dies bedeutet in der Konsequenz, die Mitarbeiterschaft, die Teams und das Unternehmen vertrauensorientiert zu führen und den persönlichen Kompass in Richtung Vertrauenskultur auszurichten.

Im Buch habe ich die Analogie zur Physik (Kap. 3) deshalb gewählt, da sie zum einem eine fantastische Wissenschaft ist, zum anderen aber auch, weil es mein Ziel war, eine strukturierte und nachvollziehbare Darstellung der Zusammenhänge der Entstehung von Vertrauen zu liefern, und dies anhand einer Formel, die die wesentlichen Kraftfelder in Beziehung zueinander setzt. Ich bin fest davon überzeugt, dass die dargestellten Aspekte – jeder einzelne für sich sowie auch alle zusammen – nach ihrer Aktivierung ein Kraftfeld um Menschen erzeugen, durch deren Wirkung Vertrauen zwischen Menschen oder, etwas wissenschaftlicher ausgedrückt, zwischen Interaktionspartnern entsteht.

Und nun? Anwenden – und sofort steigt die berufliche und private Wirkung ins Unermessliche? Nein, mitnichten. Nur die Beschäftigung mit Vertrauen allein reicht natürlich nicht aus! Vertrauen ist lediglich ein Puzzlestück in unserer Wirkung als Mensch, wenn auch ein wichtiges. Es ist die Einstellung, die Grunddisposition, Menschen zu lieben. Oder anders gesagt, es ist die Bereitschaft, die eigene Ego-Orientierung zu reduzieren zugunsten des positiven Sich-Einlassens auf andere Menschen und des Bestrebens, zukünftig einen vertrauensorientierten Weg in allen Bereichen des Lebens einzuschlagen.

Ich persönlich würde mich freuen, wenn Sie, liebe Leser, den einen oder anderen Impuls aus dem Buch herausziehen, anwenden und schauen, wie dieser auf Sie und Ihr Umfeld wirkt. Und ja, ich bin mir bewusst, dass ich trotz meiner wissenschaftlichen Ausbildung als Physiker keine neuen Strukturen entwickelt habe. Aber vielleicht ist es mir gelungen, einiges, was Sie schon einmal gehört haben, aus einer anderen Perspektive zu betrachten oder in einen neuen Kontext zu stellen. Ich möchte Sie gerne ermutigen, die verschiedenen Kraftfelder wieder einmal zu reaktivieren, sich damit auseinanderzusetzen und dadurch Vertrauen zu sich selbst und in Ihrem Umfeld zu entwickeln.

Ihr
Dr. Wolfram Schön

Glossar

Agilität Agilität ist (Termer 2016) die Anpassungsfähigkeit an sich verändernde Rahmenbedingungen und neue Marktsituationen. Nach (Nissen und Rennenkampff 2013) sind vor allem die kontinuierliche Verbesserung und Flexibilität, welche Agilität bietet, Grundlage für diese ausgeprägte Anpassungsfähigkeit.

Change Management Veränderungsmanagement umfasst alle Aufgaben, Maßnahmen und Tätigkeiten, die eine umfassende und inhaltlich weitreichende Veränderung einer Organisation bewirken.

COVID-19 Bezeichnung des Ende des Jahre 2019 aufgetretenen neuartigen Coronavirus. Die Abkürzung bezieht sich auf die englische Bezeichnung: *Corona Virus Disease 2019*.

CRM Software für das Kundenbeziehungsmanagement (Customer Relationship Management)

DISG-Profil Der DISG®-Test kann ein Persönlichkeitsprofil einer Person erstellen. Der Test basiert auf der Reaktion einer Person auf günstige bzw. feindliche Umgebungsbedingungen. Das zweiachsige 4-Quadranten-Modell unterteilt in dominant, initiativ, stetig und gewissenhaft (Seiwert und Gay 2017).

Employer Branding Es bezeichnet den Prozess von Bildung, Aufbau und Positionierung einer Arbeitgebermarke. Die Deutsche Employer Branding Akade-

W. Schön, *Vertrauen, die Führungsstrategie der Zukunft*, https://doi.org/10.1007/978-3-662-61971-1

mie definiert wie folgt: „Employer Branding ist als ganzheitlicher und strategischer Ansatz für Unternehmen zu verstehen. Es ermöglicht eine interne und externe Positionierung als attraktiver, glaubwürdiger und authentischer Arbeitgeber" (Kriegler 2013).

Failure Rate Die Fehlerrate ist der relative Anteil der fehlerhaften Elemente im Verhältnis zur Gesamtheit der erzeugten Elemente. Sie kann sich auf Produkte, Projekte, Projektteilabschnitte und Dienstleistungen beziehen. Im Projektmanagement bedeutet eine Failure Rate von 50 %, dass jedes zweite Projekt scheitert.

Gallup Die Gallup Organization ist eines der führenden Markt- und Meinungsforschungsinstitute mit Sitz in Washington, D.C., USA. In Deutschland ist es im Besonderen aufgrund der Veröffentlichung des Gallup Engagement Index bekannt.

Gefährdungsbeurteilung psychischer Belastungen Auf Grundlage der EU-Rahmenrichtlinie 89/391/EWG verpflichtet der Gesetzgeber seit dem Jahr 2014 alle Unternehmen (§ 5 ArbSchG, Ziffer 6), eine Gefährdungsbeurteilung auch in Bezug auf psychische Belastungen (GBpsych) durchzuführen. Hintergrund des Gesetzes ist die Erkennung, Vorbeugung und Reduzierung von psychischen Gesundheitsrisiken am Arbeitsplatz. Im Sinne des ArbSchG geht es um die Beurteilung der Arbeit, der Arbeitsabläufe und deren Gestaltung. Deshalb ist die Durchführung einer GBpsych ein präventiver Ansatz, der zwar über das Arbeitsschutzgesetz einen rechtlichen Rahmen besitzt, aber auch einen vielfältigen Nutzen für Unternehmen bietet.

Homo oeconomicus Wissenschaftstheoretisch beschreibt der Begriff das Modell eines ausschließlich „wirtschaftlich" denkenden Menschen. In der Entscheidungstheorie ist der Homo oeconomicus der Idealtyp eines Entscheidungsträgers, der zu uneingeschränkt rationalem Verhalten (*Rationalprinzip*) fähig ist (Woll 2020).

Inspect and Adopt In regelmäßigen Abständen reflektiert ein agiles Team, wie es effektiver und besser werden kann, und passt sein Verhalten und seine Prozesse entsprechend an. Stichwort: Agiles Manifest.

Intrinsische Motivation Spätestens seit Reinhard Sprenger (Sprenger 2014) weiß man, dass Motivation nicht extrinsisch, sondern intrinsisch entsteht. Als extrinsische Motivation bezeichnet man Motivation, die von außen kommt, zum Beispiel in Form von Anreizsystemen. Reinhard K. Sprenger kritisiert diese, seit mehr als 20 Jahren, als gefährlich aber zudem wirkungslos. Was funktioniert ist aber intrinsische Motivation. Sie wird definiert als Motivation „aus sich selbst heraus", aus dem eigenen Erleben, den eigenen Zielen und Werten. Dass diese entsteht, dafür sind aber betriebliche Rahmenbedingungen notwendig, die Hackman und Oldham (Hackman und Oldham 1976) in ihrem „Job-Characteristics-Model" sehr schön beschrieben haben. Fünf Kernmerkmale der Arbeit (Anforderungsvielfalt, Ganzheitlichkeit, Bedeutung, Autonomie, Rückmeldung) erzeugen psychische Zustände (erlebte Bedeutsamkeit, erlebte Verantwortlichkeit, Kenntnisse der Ergebnisse der eigenen Aktivität) die intrinsische Arbeitsmotivation entstehen lassen.

Newtonmeter [Nm] Newtonmeter ist die SI-Einheit für die vektorielle Größe Drehmoment (Torsion). Als das Drehmoment bezeichnet man die Kraft, welche etwas in Drehung versetzt. Diese Größe setzt sich aus der Kraft [N=Newton] und dem Hebelarm [m=Entfernung] zusammen, sofern der Hebelarm und die Kraft senkrecht aufeinander stehen. Daher wird das Drehmoment in Newtonmeter (Nm) angegeben.

Organisations-, Wirtschafts- und Arbeitspsychologie Die Organisationspsychologie beschäftigt sich mit der Wechselwirkung, sprich mit der Wirkung und der gegenseitigen Beeinflussung von Individuen (Mitarbeiterschaft) und Organisationen (Unternehmen). Besonderes Augenmerk wird dabei auf das Erleben, Verhalten und die Einstellungen von Menschen gelegt.

Die Arbeitspsychologie steht im engen Zusammenhang mit der Organisationspsychologie, umfasst aber eher die Analyse, Bewertung und Gestaltung der menschlichen Arbeitstätigkeit sowie die Interaktion von Mensch und Maschine (Stichworte: Arbeitssicherheit und sicheres Arbeiten).

Die Wirtschaftspsychologie beschäftigt sich mit dem subjektiven Erleben, Verhalten und der gegenseitigen Interaktion von Menschen mit dem ökonomischen Umfeld.

Projekt-Pitch Der Pitch ist ein Auswahlprozess. Der Begriff stammt eigentlich aus der Agentur- bzw. Werbeagenturbranche. Agenturen treten im Rahmen eines Pitchs mit ihren Präsentationen und Lösungsansätzen vor einem potenziellen Kunden gegeneinander an. Der Kunde entscheidet, wer am meisten überzeugt hat, und dieser Anbieter erhält dann den Auftrag.

Spieltheorie Die Spieltheorie ist eine mathematische Methode, die das rationale Entscheidungsverhalten in sozialen Konfliktsituationen ableitet, in denen der Erfolg des Einzelnen nicht nur vom eigenen Handeln, sondern auch von den Aktionen anderer abhängt. Der Begriff „Spieltheorie" beruht darauf, dass am Anfang der mathematischen Spieltheorie den Gesellschaftsspielen wie Schach, Mühle, Dame etc. große Aufmerksamkeit gewidmet wurde (Ockenfels 2020).

Verzwecken Etwas mit einem Zweck verbinden. Im obigen Zusammenhang eher als negatives Synonym verwendet, und zwar als nicht sinnvolles und entsprechend nicht angeratenes Verbinden von ideellen menschlichen Werten mit einem direkt vorgegebenen sachlichen Zweck und (quantitativen) Ergebnis.

Literatur

Hackman, Richard J., Oldham, Greg R. (1976): Motivation trough the design of work: test of a theory. *Organizational Behaviour, Volume 16, Issue 2, Elsevier Inc., New York, USA*

Kriegler, Wolf Reiner (2013): Employer Branding Definition. DEBA – Deutsche Employer Branding Akademie GmbH. Download am 5.8.2016 unter http://www.employerbranding.org/employerbranding.php

Nissen, Volker; Rennenkampff, Alexander von (2013): IT-Agilität als strategische Ressource im Wettbewerb. Download am 27.3.2020 unter: https://www.researchgate.net/publication/259082894_IT-Agilitat_als_strategische_Ressource_im_Wettbewerb

Ockenfels, Axel (2020): Gabler Wirtschaftslexikon. Download am 10.5.2020 unter: https://wirtschaftslexikon.gabler.de/definition/spieltheorie-46576

Seiwert, Lothar; Gay, Friedbert (2017): Das 1x1 der Persönlichkeit. Persolog GmbH, Verlag für Lerninstrumente, Remchingen

Sprenger, Reinhard K. (2014): Mythos Motivation – Wege aus der Sackgasse. 20. Auflage, Campus Verlag

Termer, Frank (2016): Determinanten der IT-Agilität. Gabler Verlag, Wiesbaden

Woll, Artur (2020): Gabler Wirtschaftslexikon. Download am 10.5.2020 unter: https://wirtschaftslexikon.gabler.de/definition/homo-oeconomicus-34752

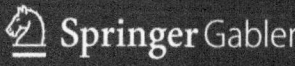

The manufacturer's authorised representative in the EU is Springer
Nature Customer Service Centre GmbH, Europaplatz 3, 69115 Heidelberg,
Germany. If you have any concerns regarding our products, please
contact ProductSafety@springernature.com

Printed and bound by CPI Group (UK) Ltd, Croydon, CR0 4YY
28/04/2026
02098491-0004